Les Chevaux du monde

Les Chevaux du monde

EDITIONS ATLAS

Édité par :
Éditions Glénat
© Éditions Atlas, MCMXCV
© Eaglemoss Publications Ltd. Tous droits réservés
© Éditions Glénat pour l'adaptation, MM

Services éditoriaux et commerciaux :
Éditions Glénat - 31-33, rue Ernest Renan
92130 Issy-les-Moulineaux

Cet ouvrage est une édition partielle de l'encyclopédie
« La passion du cheval » publiée par les Éditions Atlas

Maquette de couverture : Les Quatre Lunes

Imprimé en C.E.E.
Dépôt légal : 2ème semestre 2000
ISBN : 2.7234.3220.3

SOMMAIRE

I -	LES ORIGINES	6
II -	LES AMÉRIQUES ET L'AUSTRALIE	40
III -	LES ILES BRITANNIQUES	60
IV -	LA FRANCE ET LES PAYS-BAS	84
V -	L'ALLEMAGNE, L'AUTRICHE ET LA SUISSE	102
VI -	LA SCANDINAVIE	118
VII -	LA MÉDITERRANÉE	128
VIII -	L'ASIE ET L'EUROPE DE L'EST	138
IX -	A CHACUN SON TALENT	158

I

LES ORIGINES

L'évolution du cheval

Actuellement, on peut obtenir le type de cheval que l'on souhaite en pratiquant l'élevage et les croisements. Mais bien avant que l'homme ne connaisse les chevaux, ceux-ci se transformaient déjà : ces mutations — constituant l'évolution — lui ont permis de survivre.

DU RENARD AU PUR-SANG

Il y a soixante-dix millions d'années, le cheval n'avait guère que la taille d'un renard. Herbivore, il broutait les plantes et les arbustes des forêts marécageuses. Mais comme la menace des prédateurs carnivores grandissait et que d'autres animaux se disputaient l'espace disponible, les chevaux se sentirent plus en sécurité dans les plaines. Là, ils durent s'adapter à un nouvel environnement — grands espaces ouverts et herbe pour nourriture.

Leur force physique se développa, ainsi que leur capacité à distancer l'ennemi. En même temps, leurs dents évoluaient, pour leur permettre de brouter plus efficacement, complétant ainsi leur « panoplie de survie ».

GRAPHIQUE DE CROISSANCE

Grâce à un ensemble de fossiles remarquablement complet qui retrace son évolution, les scientifiques peuvent établir comment le cheval s'est transformé jusqu'à devenir l'ancêtre évolué des races actuelles.

Taille Le cheval est devenu plus grand et plus fort.

Jambes et pieds Ils se sont allongés, et le nombre de doigts s'est réduit, celui du milieu subsistant seul. Ce dernier devint finalement le sabot du cheval.

Dos Le dos s'est fait plus droit et moins souple.

Dents Les incisives sont devenues plus larges, et quelques prémolaires se sont transformées en vraies molaires, mieux adaptées à la mastication de l'herbe.

Tête Le devant du crâne et la mâchoire inférieure se firent plus larges, pour s'adapter à la taille grandissante des molaires.

Cerveau Le cerveau du cheval a pris progressivement du volume, et il a évolué, devenant plus complexe dans son fonctionnement.

Comment le cheval s'est transformé

Le cheval le plus ancien (Hyracotherion) était un petit herbivore de la taille d'un renard, vivant dans les forêts marécageuses. Il avait de longues jambes fluettes, faites pour la course. Il avait aussi trois doigts aux pieds postérieurs, et quatre aux antérieurs!

L'Hyracotherion évolua. Cette petite créature devint lentement plus grande, plus rapide et mieux pourvue pour brouter les herbes sèches. Ce développement progressif aboutit à l'apparition d'un animal de la taille d'un mouton (Mesohippus), avec seulement trois doigts aux antérieurs, puis à celle d'un autre à peu près de la taille d'un actuel poney shetland (Merychippus). A partir de ce stade, il est plus facile de reconnaître les caractéristiques du cheval moderne. Les transformations suivantes, y compris le développement d'un solide et unique sabot, ont aidé l'animal à accroître sa vitesse et sa puissance (Pliohippus), puis à compléter son évolution, jusqu'à devenir Equus, prédécesseur du cheval d'aujourd'hui.

Hyracotherion (il y a environ 70 à 60 millions d'années).
Ce premier ancêtre du cheval avait la taille d'un renard.

Mesohippus (il y a environ 35 à 25 millions d'années).
Avec des jambes et une encolure plus longues, le « cheval » avait alors la taille d'un mouton.

Merychippus (il y a environ 25 à 10 millions d'années).
A ce stade, le cheval était de la taille d'un poney et pâturait dans les steppes.

▲ **Le cheval de Przewalski**, la seule race vraiment sauvage vivant encore de nos jours, est un proche parent des ancêtres du cheval domestique.

◀ **Les premiers chevaux domestiques** ressemblaient probablement au Tarpan, race aujourd'hui disparue. Des chevaux proches du Tarpan vivent toujours en semi-liberté — tels ceux-ci, dans une réserve polonaise.

Pliohippus (il y a environ 7 à 2 millions d'années).
Cet animal est mieux bâti pour la course.

Equus (il y a moins de 2 millions d'années).
Le prédécesseur du cheval actuel ressemblait à certaines races de poneys.

9

Les équidés

À la fin de la dernière période glaciaire, il y a quelque dix mille ans, la plus grande partie de la Terre était recouverte de prairies parsemées de broussailles et d'arbustes. D'immenses troupes d'animaux y paissaient, et on y trouvait notamment une grande variété d'équidés.

▼ **L'âne sauvage d'Afrique** ressemble à l'âne domestique, mais ses jambes portent d'élégantes raies noires. Cette espèce est malheureusement menacée d'extinction : il n'en reste plus dans le monde que quelques centaines de représentants, et peut-être leur avenir dépend-il du succès de programmes de reproduction en captivité.

UN SEUL GENRE

La famille des équidés ne compte plus aujourd'hui que quelques membres — le cheval, l'âne, l'onagre et trois espèces différentes de zèbres —, mais ces membres sont si proches les uns des autres qu'on les a regroupés dans un genre unique, Equus.

L'ÂNE

L'âne sauvage était autrefois très répandu en Afrique du Nord, dans le sud-ouest de l'Asie et dans certaines régions d'Arabie, mais sa population a aujourd'hui considérablement régressé.

La branche africaine se distingue par un pelage gris, un ventre blanc et des jambes rayées d'étroites bandes noires. Avec ses grandes oreilles et son braiment sonore, cette espèce ressemble à son descendant moderne, l'âne domestique, dont il possède de nombreuses autres caractéristiques : force, entêtement et grande longévité.

L'onagre d'Asie est couleur sable. Plus petit et moins trapu, il ressemble en fait à un cheval. Il est beaucoup moins docile que son cousin d'Afrique et ne s'est donc pas bien prêté à la domestication.

LES CROISEMENTS

À l'état sauvage, les chevaux et les ânes ne s'accouplent pas, mais, en raison de leur proche parenté, l'homme les croise depuis de nombreuses années. Il en résulte un animal de la taille d'un petit cheval, mais plus fort et plus résistant qu'aucun de ses deux parents.

Le croisement du baudet avec la jument donne le mulet, animal qui a la tête d'un âne et la queue d'un cheval. Le croisement de l'étalon avec l'ânesse donne le bardot qui, lui, a une tête de cheval et une queue d'âne.

Les mulets sont beaucoup plus nombreux que les bardots, car ils sont plus faciles à produire, mais ces deux espèces font de bons animaux de bât. Le seul inconvénient, c'est qu'ils sont le plus souvent stériles.

DE CÉLÈBRES RAYURES

De tous les équidés, le zèbre des plaines (ou couagga) est celui qui a le mieux prospéré à l'état sauvage. On en trouve encore d'immenses troupes dans les plaines du sud et de l'est de l'Afrique, où ils attirent de nombreux amateurs de safari.

Il existe en fait trois espèces différentes de zèbres : le zèbre de Grévy, le zèbre des montagnes et le zèbre couagga. Elles sont toutes strictement africaines et se caractérisent par leurs célèbres rayures noires et blanches. Le dessin de ces rayures varie d'une espèce à l'autre, et chaque espèce comporte des sous-groupes qui se définissent par des différences encore plus subtiles. En outre, même à l'intérieur d'un même sous-groupe, le dessin des rayures varie d'un individu à l'autre.

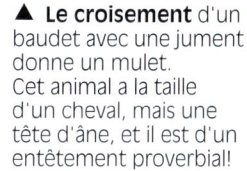

▲ **Le croisement** d'un baudet avec une jument donne un mulet. Cet animal a la taille d'un cheval, mais une tête d'âne, et il est d'un entêtement proverbial !

◀ **L'âne domestique** descend directement de l'âne d'Afrique. Utilisé dans le monde entier comme bête de somme, ce petit animal robuste mesure rarement plus de 1,40 m.

▶ **Le plus prospère**
des équidés sauvages est Equus quagga, le zèbre des plaines. Deux cent mille d'entre eux continuent de vivre en troupes dans les plaines africaines.

LE SAVIEZ-VOUS?
Le zèbre des plaines est également appelé zèbre couagga, nom provenant de son hennissement particulier. Le zèbre des montagnes, espèce aujourd'hui presque disparue, est au contraire réputé totalement muet.

LES RAYURES
Leur superbe robe rayée protège efficacement les zèbres de leurs prédateurs. Ces animaux vivent en troupe et se serrent les uns contre les autres lorsqu'un danger les menace. Les rayures rompent la silhouette de chacun des zèbres, et quand la troupe s'enfuit, de petits groupes ne cessent de se croiser, ce qui empêche le prédateur de concentrer son attention sur un individu en particulier.
Ces rayures sont si caractéristiques qu'elles ont donné son nom à cette branche de la famille des équidés : le mot zèbre vient en effet d'une langue africaine, où elle signifie rayé.

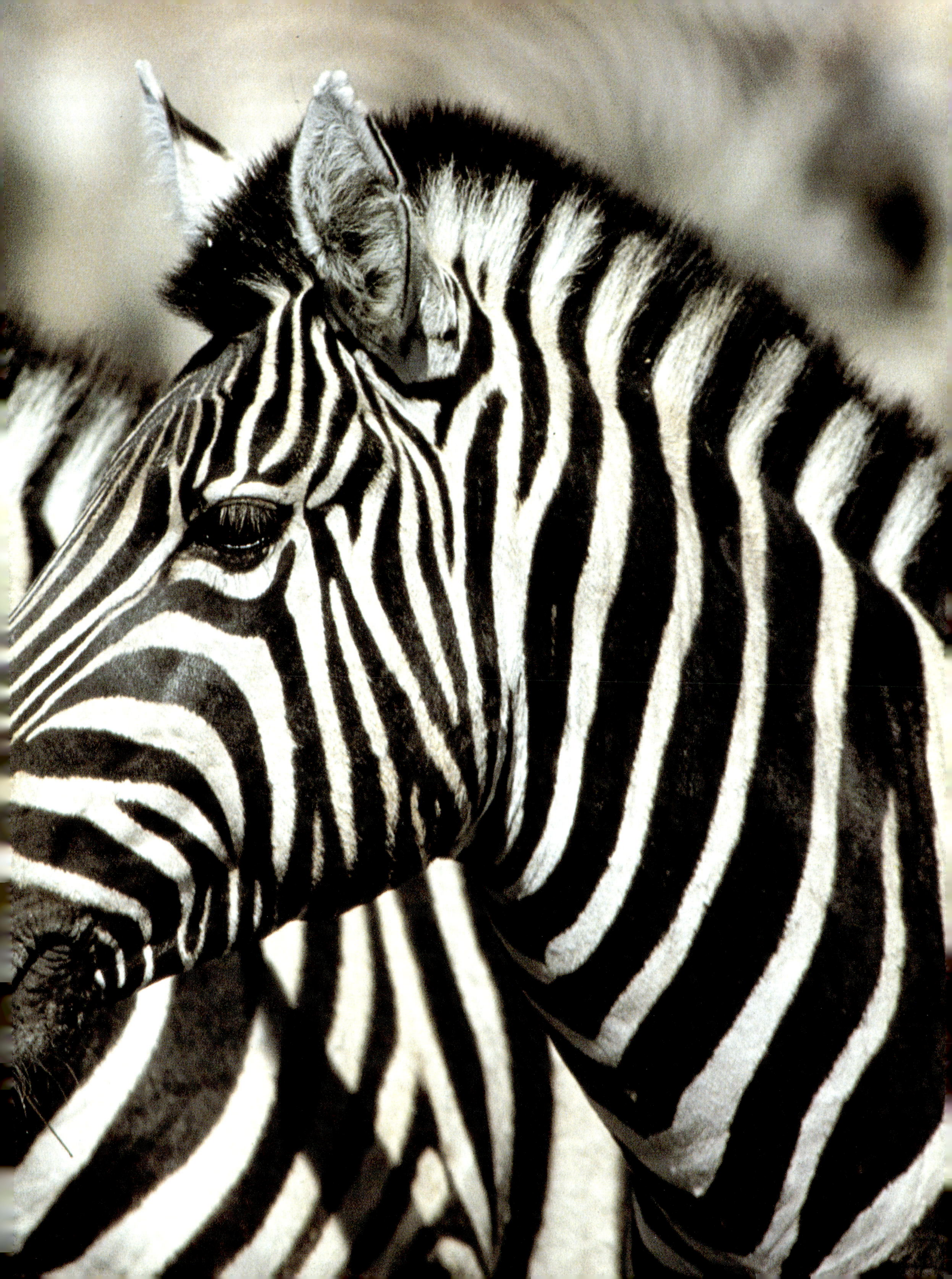

Pair ou impair

L'évolution du pied du cheval

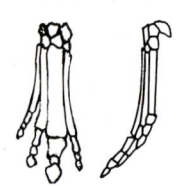

Quatre doigts; pied antérieur doté d'un coussin charnu.

Nombre de doigts réduit de quatre à trois; doigt du milieu hypertrophié.

Déplacement sur le doigt du milieu.

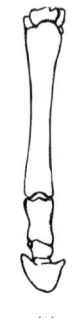

Disparition des doigts latéraux; un seul sabot.

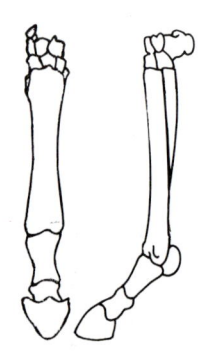

Jambe antérieure du cheval actuel.

Il existe deux groupes d'animaux à sabots, et, bizarrement, ils se distinguent l'un de l'autre par le nombre de doigts que portent leurs membres. On distingue les ongulés paridigités et les ongulés imparidigités. Le cheval appartient à cette dernière catégorie.

UN ANCÊTRE COMMUN

Tous les herbivores descendent des mêmes ancêtres, qui vivaient il y a plusieurs millions d'années. L'évolution a fini par donner naissance à de nombreuses espèces différentes.

Les premiers herbivores étaient tous de petite taille, certains ne dépassaient pas la taille d'un chien. Ils étaient quadrupèdes, leurs pieds étaient pourvus de cinq doigts chacun, un « sabot » (semblable à un ongle de pied) entourant l'extrémité de chaque doigt.

Ces animaux marchaient sur la plante des pieds, doigts pointés vers l'avant, exactement comme les hommes.

LA DISPARITION DES DOIGTS

Bientôt, les premiers herbivores furent de plus en plus menacés par les espèces carnivores. L'un des moyens de défense les plus efficaces pour eux étant de les battre à la course, ils apprirent à faire porter leur poids sur leurs doigts, talons relevés (à la manière des hommes quand ils courent). Avec le temps, ils en vinrent à marcher sur l'extrémité de leurs doigts, comme une ballerine fait des pointes.

Quand un animal se déplace de cette façon, tous ses doigts ne sont pas en contact avec le sol, car certains sont plus courts que les autres. Ces doigts plus courts deviennent alors inutiles et, peu à peu, ils s'atrophient et disparaissent.

Les ongulés imparidigités

Ce groupe ne comprend plus aujourd'hui que le cheval, le tapir et le rhinocéros. Toutes les autres espèces se sont éteintes. Au cours de l'évolution, le nombre des doigts est passé de cinq à trois ou un (le tapir a un quatrième doigt, mais seulement sur les pieds antérieurs). Le doigt du milieu supporte tout le poids de l'animal.

CHEVAL DOMESTIQUÉ

TAPIR DE MALAISIE

RHINOCÉROS BLANC

À ce stade de l'évolution, des différences apparemment minimes entre les herbivores eurent des conséquences importantes. Tous les herbivores perdirent le doigt le plus court en premier. Certains ne perdirent que celui-là et ils ont gardé quatre doigts jusqu'à aujourd'hui, dont les deux externes sont rudimentaires.

Chez d'autres, au contraire, les doigts 3 et 4 étaient à peu près de la même longueur et supportaient à eux deux tout le poids de l'animal. Les doigts 2 et 5 disparurent donc, et il n'en resta plus que deux — également un nombre pair.

Le groupe des ongulés à doigts pairs comprend la plupart des gros mammifères herbivores et les animaux à sabots fendus. On distingue deux sous-ordres : les porcins (hippopotame, porc, etc.) et les ruminants (cerf, mouton, bœuf, etc.)

D'autres herbivores avaient un troisième doigt long, et leurs doigts 2 et 4 étaient presque aussi grands. Ceux-là ne perdirent que les doigts 1 et 5, ce qui leur en laissait trois — nombre impair. Chez les chevaux, les jambes et les pieds s'exercèrent surtout dans la course rapide et, bientôt, il ne leur resta plus qu'un seul doigt à chaque pied.

DES GROUPES RIVAUX

Il y a environ 37 millions d'années, les espèces paridigitées (jusqu'alors inférieures en nombre) se multiplièrent. Outre leurs pieds différents, elles avaient un estomac plus complexe : le processus de rumination leur donnait une digestion plus efficace, et donc une plus grande capacité de survie. Les espèces imparidigitées s'éteignirent l'une après l'autre. Il n'en reste plus aujourd'hui que le cheval et ses deux étranges cousins, le tapir et le rhinocéros.

Les ongulés paridigités

Ce groupe comprend la plupart des gros mammifères herbivores et tous les animaux à sabots fendus tels que cerfs, moutons, chameaux, porcs et vaches. Ils ont deux ou quatre doigts, les deux doigts du milieu supportant tout leur poids.

CERF

MOUTON DOMESTIQUE

CHAMEAU DE BACTRIANE

Le pied antérieur des ongulés

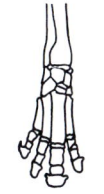

Le tapir a des pieds antérieurs à quatre doigts.

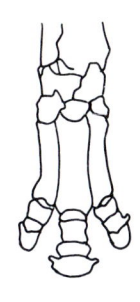

Le rhinocéros a trois doigts à chaque pied.

Le cerf se tient sur la pointe de ses deux doigts du milieu.

Les deux doigts du mouton forment des sabots fendus.

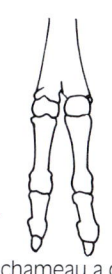

Le chameau a des pieds larges, adaptés à la marche dans le sable.

15

Histoire d'une vie

L'espérance de vie d'un cheval domestique est d'environ vingt-cinq ans; elle est un peu inférieure pour un cheval sauvage. De la naissance à la mort, la vie d'un cheval comporte une série d'étapes importantes.

AVANT TROIS ANS

Les chevaux naissent parfaitement formés. À l'état sauvage, un poulain doit, dans les vingt-quatre heures qui suivent sa venue au monde, être capable de galoper avec le reste du troupeau s'il veut survivre. C'est pour cette raison qu'il a dès sa naissance de très grandes jambes (elles ont déjà presque leur taille définitive).

La taille d'un poulain augmente d'environ un tiers au cours du premier mois. À la fin de la première année, elle atteint les trois quarts de ce qu'elle sera à l'âge adulte.

Le sevrage s'effectue vers l'âge de six mois pour les chevaux domestiques, et un peu plus tard pour les chevaux sauvages. Appelé « foal » avant un an, le poulain de race de sang devient un yearling à partir du 1er janvier qui suit sa naissance. Il sera ensuite un poulain de deux ans, puis un cheval de trois ans, etc.

Le débourrage est terminé vers l'âge de trois ans. Il faut dresser les jeunes chevaux doucement et progressivement, car le stress est un facteur de diminution de la durée de vie.

LE DÉBUT DU TRAVAIL

La plupart des chevaux ont fini leur croissance à six ans. Il ne faut pas faire travailler dur un cheval qui a devant lui une vie active très longue avant qu'il ait atteint l'âge adulte.

▲ **Les poulains** ont un corps disproportionné, mais, s'ils ont de si grandes jambes, c'est pour pouvoir suivre le troupeau dès leur naissance. Un poulain essaie de se mettre debout dans les quelques minutes qui suivent sa venue au monde, et il peut galoper avec assurance aux côtés de sa mère au bout de quelques jours seulement.

▶ **Les yearlings** font les trois quarts de la taille qu'ils auront à l'âge adulte. Ils n'ont cependant pas encore tout à fait le poids correspondant et paraissent donc un peu efflanqués.

◀ **À l'âge de trois ans,** un cheval a atteint sa taille adulte, et le dressage peut commencer. On lui apprend à accepter un cavalier par un patient travail à la longe.

Les choses sont différentes pour les chevaux de course. C'est pendant leur quatrième année qu'ils fournissent leur plus gros travail, pour la simple raison que leur vie active n'est pas très longue. À l'âge de quatre ans, un cheval de course est généralement mis dans un haras. Si sa carrière est écourtée par une blessure, il peut être utilisé comme reproducteur ou comme cheval de selle, à condition que son état physique le permette.

LA VIEILLESSE

Un cheval commence à devenir vieux vers l'âge de quinze ans. Il perd sa force et n'est plus capable de travailler aussi dur que lorsqu'il était jeune. Il peut cependant continuer à rendre des services pendant de nombreuses années, à condition d'être nourri convenablement, de prendre de l'exercice de façon modérée mais régulière, d'être bien protégé des intempéries quand il est dehors et de rentrer à l'écurie l'hiver.

On laisse rarement les chevaux domestiques mourir dans les souffrances : on préfère les abattre. Il vaut mieux que le vétérinaire vienne quand le cheval est à l'écurie : l'animal mourra dans un environnement familier.

Les chevaux sauvages meurent un peu plus jeunes que les chevaux domestiques, car leur vie est plus dure : ils ne reçoivent pas de soins et subissent la menace constante des prédateurs. Quand un cheval sent venir la mort, il arrive qu'il quitte le troupeau pour être seul et mourir en paix.

▼ **Quand un cheval vieillit,** ses capacités diminuent et il a plus de mal à accomplir les tâches qu'il effectuait autrefois facilement. Le propriétaire d'un vieux cheval doit lui prodiguer des soins plus attentifs et veiller à son confort.

Sang chaud,

Les déplacements que les chevaux sauvages ont effectués au cours des âges à travers les différentes régions du globe ont provoqué de nombreuses transformations. Les chevaux ont subi les modifications indispensables à leur adaptation à de nouvelles conditions de vie.

Les différences de climat et de régimes ont abouti à des types de chevaux d'apparence et de tempérament très différents. Les extrêmes étant représentés par les chevaux dits à sang froid d'une part, et ceux dits à sang chaud d'autre part. Les chevaux des temps modernes ont évolué à partir de ces types initiaux, modifiés ensuite par les croisements.

LES RACES À SANG FROID

Dans toutes les régions septentrionales, les prairies, favorisées par l'humidité du climat, étaient grasses et prodiguaient une nourriture abondante. Les chevaux issus de ces contrées devinrent grands, lourds et lents. Pour leur permettre de résister au froid de l'hiver, la nature les a dotés d'une peau épaisse et d'une bonne couche de graisse.

▲ **L'Ardennais** incarne le type même du cheval dit à sang froid. Massif, fort et robuste, il est capable de résister à un climat rude, froid et humide.

▶ **Les races à sang froid** sont adaptées à la vie dans les régions septentrionales. Aujourd'hui, ce sont des chevaux solides et dociles, employés aux lourds travaux agricoles.

sang froid

La plupart des chevaux de trait d'aujourd'hui sont classés dans cette catégorie de races dites à sang froid. La plus grande d'entre elles – qui est aussi la plus grande race chevaline du monde – est le Shire Horse, originaire de Grande-Bretagne. Certains spécimens atteignent parfois la taille de 1,90 m et peuvent peser jusqu'à 1 300 kilos (l'équivalent du poids de dix-sept hommes adultes).

LES RACES À SANG CHAUD

Les races à sang chaud ont évolué de façon radicalement différente. Dans les régions méridionales d'où ils sont issus, ces chevaux n'étaient pas soumis à des conditions climatiques aussi extrêmes. Ils avaient une robe soyeuse et fine qui leur permettait de supporter la chaleur.

La nourriture était rare. Les chevaux ont donc dû s'adapter à des pâturages pauvres, ce qui contribua à créer un type plus léger. Par ailleurs, ces biotopes quelque peu désertiques n'offraient que peu de cachettes permettant aux chevaux d'échapper à leurs prédateurs : ils développèrent alors une meilleure aptitude à la fuite... et davantage de vitesse!

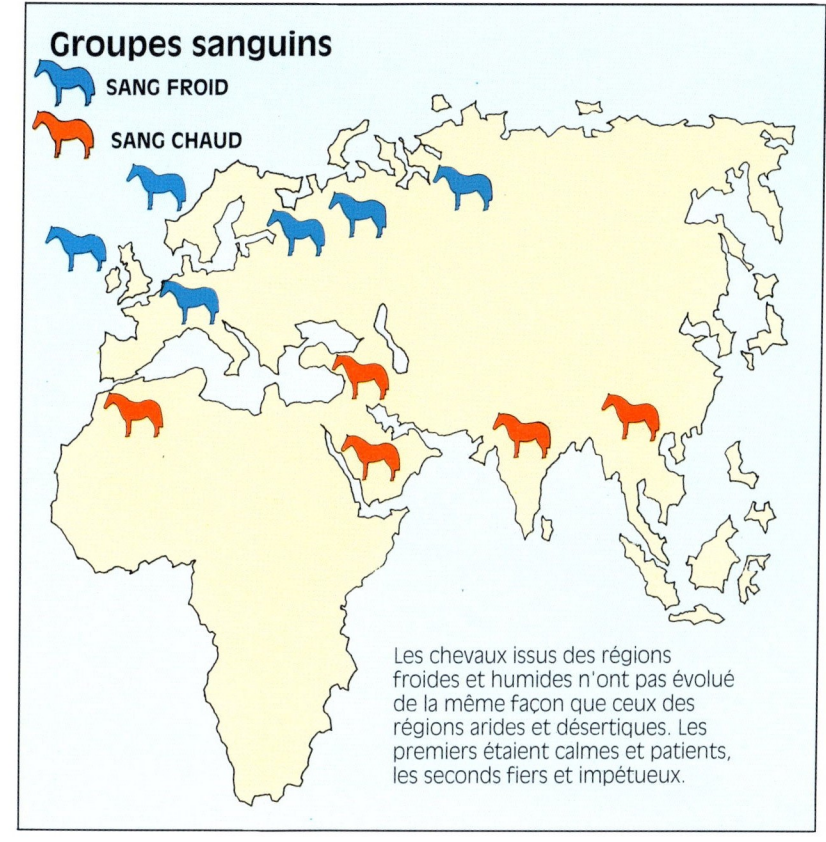

Groupes sanguins
- SANG FROID
- SANG CHAUD

Les chevaux issus des régions froides et humides n'ont pas évolué de la même façon que ceux des régions arides et désertiques. Les premiers étaient calmes et patients, les seconds fiers et impétueux.

▲ **La belle ossature** de la tête de ce cheval de Tersk — une race issue du pur-sang arabe — prouve bien qu'il s'agit d'une race à sang chaud.

▶ **Le pur-sang arabe** s'est adapté aux conditions de vie des régions désertiques en luttant en permanence contre la fatigue, la soif et la faim.

Le mécanisme génétique

Le modèle et la conformation d'un poulain proviennent des gènes dont il hérite de ses parents. Pour l'élevage domestique, le choix de bonnes juments et de bons étalons est de la plus haute importance.

L'héritage de signes particuliers ou de la personnalité est entièrement réalisé par les gènes. Ces derniers contiennent l'information qui fait de chaque chose vivante ce qu'elle est — chez le cheval, ils « programment » s'il sera bai ou gris (louvet), calme ou fougueux, athlétique ou mal conformé.

GÉNÉRATION DISCONTINUE

Dans une famille ayant des cheveux blonds, il se peut cependant qu'un de ses membres ait, par exemple, des cheveux roux. Cela est dû à plusieurs gènes qui peuvent « sauter » des générations, et les cheveux roux peuvent venir d'un grand-parent.

On retrouve le même processus chez les chevaux. Un étalon palomino peut, bien sûr, transmettre sa couleur à ses poulains, mais, s'il est porteur d'un gène alezan transmis par un membre éloigné de sa famille, un ou plusieurs de ces poulains pourront être alezans.

L'information contenue dans les gènes peut aussi jouer un rôle dans la programmation des caractéristiques de la conformation et du caractère. Une jument au dos long et un étalon au dos court pourraient donner un poulain avec une longueur de dos idéale. Mais ne comptez surtout pas obtenir un bon cheval avec deux reproducteurs médiocres : le poulain pourrait bien présenter le même défaut de conformation du dos que l'un de ses parents.

UNE PART DE HASARD

Vous ne pouvez jamais prévoir avec certitude à quoi ressemblera un poulain, car la reproduction des chevaux tient beaucoup du hasard. Un poulain de grande taille peut avoir des parents de la taille d'un poney, et des parents à la robe grise peuvent donner un poulain alezan brûlé.

Cependant, il existe des moyens d'atténuer les effets du hasard. Des étalons de qualité et d'une lignée connue sont plus susceptibles de transmettre leurs qualités à leurs poulains.

CROISEMENTS DE RACES

L'Arabe est l'une des plus belles et des plus anciennes races de chevaux. Ces races ont été utilisées depuis des siècles pour donner de l'élégance, de l'endurance et de l'intelligence aux races les plus nobles.

Le cheval pur-sang, descendant de l'Arabe, est un superbe croisement avec pratiquement toutes les autres races.

Les sang-chaud sont très appréciés dans toutes les disciplines équestres : dressage, concours complet et concours hippique. Les races de sang chaud telles que le Hanovrien, le Hollandais et le Trakehner sont connues comme étant des races composites. Elles ont été obtenues en mélangeant des pur-sang et des Arabes avec des chevaux d'attelage locaux.

Robustesse, adresse et puissance sont des qualités propres à beaucoup de races de poneys. Elles peuvent donner des croisements très réussis, qu'il n'est pas rare de retrouver au palmarès des grandes compétitions équestres.

▶ **Un poulain** ne prend pas nécessairement la robe de sa mère. Il peut hériter de celle de son père ou même de celle d'un grand-parent. Certaines races pures peuvent avoir une robe spécifique, mais ce n'est pas le cas de cette jument New Forest et de son poulain : ils pourraient être exceptionnellement pie ou aubères.

Croisements

	Indigène	Trait	Demi-sang	Pur-sang	Arabe
Arabe	Peut être un très bon croisement. Poneys d'équitation de grande qualité.	Catégoriquement non. Trop grande différence entre ces races pour produire un croisement qui en vaille la peine.	Un bon croisement avec des demi-sang très légers tels que le Trakehnen, mais à exclure avec des races plus lourdes.	L'Anglo-Arabe est excellent pour toutes les compétitions et la promenade, un croisement très répandu.	 *Pur-sang Arabe*
Pur-sang	Un croisement très réussi combinant les bonnes qualités des deux races. La base pour beaucoup de chevaux de selle, de concours hippique et de chasse à courre.	Un croisement très répandu, qui produit des chevaux vigoureux comme les chevaux de concours hippique et de chasse à courre.	Toutes les races de demi-sang font d'excellents croisements avec les races de pur-sang.	 *Race de pur-sang*	
Demi-sang	Pourrait produire un cheval de chasse à courre classique ou un cheval de club. Cependant, cela pourrait donner un croisement pauvre parce que les demi-sang sont eux-mêmes le résultat d'un mélange de races, développé sur une longue période.	Parfois destiné à produire un cheval de chasse	 *Demi-sang*		
Trait	Aucun argument pour ce type de croisement. Risque de produire un animal inutilisable. Avec certaines races et avec beaucoup de chance, on pourrait obtenir un solide cheval de manège.	 *Cheval de trait*			
Indigène	 *Indigène*				

Types et races

Le Trait breton et l'Ardennais sont deux exemples de race de trait. Le croisement d'un Trait breton et d'un autre Trait breton produit un poulain de race pure, de qualité et de valeur.

Cependant, il n'y a pas de raison de croiser un Trait breton avec une autre race de trait, telle que l'Ardennais.

Le croisement de deux chevaux semblables, mais de race différente, diminue la pureté de la lignée et produit un poulain qui peut être charmant mais de faible valeur.

Parfois, les races sont croisées si souvent et avec tant de succès que le résultat de la descendance devient une véritable race en soi. C'est le cas de l'Anglo-Arabe, un superbe croisement entre le pur-sang et l'Arabe.

La vie en troupeau

Le cheval est un animal grégaire. Dans la vie naturelle, il vit en petits groupes sociaux et familiaux étroitement liés et structurés.

DES GROUPES TRÈS HIÉRARCHISÉS

La structure de base est celle du harem. Un étalon règne sur un groupe de huit à douze juments. Cette cellule de base comprend aussi une jument âgée (qui dispose elle aussi d'un certain pouvoir), des poulains de l'année et des poulains plus âgés encore dépendants.

Lorsque les mâles auront atteint un certain âge, ils ne tarderont pas à se mesurer à l'étalon chef, et si ce dernier est encore assez fort pour défendre son pouvoir, les jeunes s'éloigneront pour un temps de la cellule familiale. Ils iront rejoindre un groupe composé de « célibataires » et de mâles vieillissants qui n'ont plus de harem. Lorsqu'ils auront atteint la maturité suffisante, ces jeunes reviendront se mesurer à un étalon plus âgé, chef de troupeau, et, en cas de victoire, constitueront à leur tour leur propre harem.

LORSQUE LE TROUPEAU SE DÉPLACE

Les déplacement du troupeau obéissent à des schémas établis en fonction du moment (matin, heures chaudes, nuit), mais aussi des saisons. Ils se font parfois à l'initiative de la vieille

▲ **Une bagarre entre les étalons** de deux groupes rivaux. Motif : le libre accès de leur petite famille à un point d'eau. La photo a été prise dans le Wyoming (États-Unis d'Amérique).

▶ **Malgré la domestication**, les chevaux conservent un puissant instinct grégaire, ce qui n'exclut pas le respect d'une distance de sécurité entre les individus : au moins un mètre devant et derrière.

jument dominante, qui se substitue alors à l'étalon pour prendre la direction des opérations et piloter le groupe. Son expérience lui dictera où trouver l'eau ou la nourriture manquante. L'étalon chef ferme la marche, se bornant à pousser les retardataires (l'attitude du guidage par l'arrière, tête baissée, est alors caractéristique) et à protéger le groupe des éventuelles attaques pouvant survenir par l'arrière.

Mais, pour peu qu'il rencontre en chemin un autre groupe de chevaux, notre étalon reprendra sa place en tête pour se mesurer à l'étalon adverse. Heureusement, ces échauffourées ne sont pas aussi meurtrières que les combats sans merci que se livrent les étalons pour conquérir un harem.

En effet, la lutte peut-être sans merci. Les étalons s'attaquent avec leurs antérieurs, se cabrant et cherchant à se mordre la nuque ou à se briser la colonne vertébrale. Ces combats sont parfois mortels.

GARDER SES DISTANCES !

Le respect des distances de sécurité joue entre les différents groupes de chevaux, mais aussi au sein même des groupes. Lorsqu'ils paissent, les chevaux veillent à rester à quelques mètres des autres individus. Cette précaution leur permet de se déplacer instantanément si quelque danger vient à surgir. Même les poulains doivent rester près de leur mère !

▲ **Les poulains s'éloignent rarement** de leur mère. Même lorsqu'elle broute, la jument veille à la sécurité de sa progéniture : elle regarde et écoute tout ce qui se passe.

DES INSTINCTS BIEN ANCRÉS
Il est fréquent de voir, en concours hippique, des chevaux souhaitant manifestement retourner plus vite au paddock retrouver leurs congénères. L'instinct grégaire est resté très vif chez les équidés. C'est une des raisons pour lesquelles il est dangereux de se laisser distancer en promenade.

Élevage : l'étalon

▶ **Lorsqu'une jument** est en chaleur, elle émet des phéromones dont l'odeur est très bien perçue par le mâle. Ce dernier retrousse alors son nez dans une mimique caractéristique appelée « flehmen ».

▼ **Dans un troupeau,** seul l'étalon dominant a le droit de saillir les juments. Sur cette photo, on voit l'étalon cherchant à s'éloigner, avec ses juments, d'un rival potentiel.

Il est fascinant d'observer un troupeau de chevaux sauvages durant la saison des amours et de voir comment étalons et juments se témoignent leur attirance réciproque.

Dans un troupeau, il y toujours un étalon dominant, qui a le droit de saillir toutes les juments en âge de procréer, c'est-à-dire ayant au moins deux ans.

LA SAISON DES AMOURS

C'est au printemps que débute chez les équidés la période des amours. Dès que les jours commencent à allonger, la lumière stimule la sécrétion de certaines hormones, tant chez le mâle que chez la femelle, et les prépare à la reproduction.

Lorsque les juments sont prêtes pour l'accouplement, elles émettent des phéromones, dont l'odeur se dégage principalement au niveau des flancs et de la croupe. L'étalon

▶ ▲ **L'étalon** qui cherche à saillir une jument la renifle et la mordille. Si la jument n'est pas en chaleur, elle va sans doute le repousser par des ruades (par prudence, l'étalon s'approche toujours latéralement). Si la jument est prête à être saillie, elle se montre intéressée, pointe les oreilles, se laisse faire.

peut percevoir ces odeurs à plus d'un kilomètre de distance. Quand il sent une jument en chaleur, il commence à lui faire la cour.

Un étalon domestiqué agira de la même manière. C'est pourquoi la présence d'une jument en chaleur peut rendre un cheval entier difficile, voire dangereux à monter pour le cavalier.

UNE COUR ASSIDUE

L'étalon lève la tête, dilate les naseaux, pointe les oreilles et hume l'air. L'encolure arquée, secouant la tête et portant la queue en panache, il s'approche de la jument. Il peut l'encercler et la suivre en couinant et en émettant de petits hennissements. Il renifle et mordille ses flancs et sa croupe. Pour mieux sentir l'odeur de la jument, il retrousse sa lèvre supérieure au-dessus des naseaux, dans une mimique caractéristique appelée « flehmen ».

Un étalon sait qu'il faut toujours approcher une jument latéralement pour éviter les éventuels coups de pied. Si elle est prête à accepter le mâle, la jument peut être saillie plusieurs fois au cours de ses chaleurs avant d'être pleine. La durée de la gestation est de onze mois.

LES MÂLES RIVAUX

Dans la vie sauvage, chaque mâle doit avoir sa place et la respecter. L'étalon dominant chassera du troupeau tout jeune cheval cherchant à lui voler sa suprématie.

Tous les mâles en âge de procréer sont évincés. L'étalon en titre écarte ses juments des autres prétendants. Il n'est pas rare que les étalons novices essaient de détourner des juments pour se constituer à leur tour un harem. En cas d'échec, ces jeunes mâles se rassemblent en petits groupes et vivent de leur côté. Les femelles, en revanche, préfèrent rester dans leur troupeau d'origine.

Seuls les mâles les plus forts et les plus courageux pourront, à l'issue de combats souvent tragiques, évincer l'étalon et conquérir ainsi leur propre troupeau. Les étalons âgés et vaincus mènent alors une existence solitaire.

La période des poulinages

Pour que le poulain ait toutes les chances de se développer dans les meilleures conditions, la nature a prévu qu'il naisse au début de la belle saison. La saison des amours débutant au printemps et la gestation durant onze mois, le poulain verra le jour au printemps suivant. La température est clémente, l'herbe pousse...
Un poulain né trop tôt souffrira du mauvais temps, et, faute d'herbe assez abondante, sa mère risque de manquer de lait.
Inversement, un poulain né tard dans la saison sera trop faible à l'entrée de l'hiver, auquel il risque de ne pas survivre.

Les races menacées

Les races de chevaux et de poneys sont nombreuses. La plupart se sont différenciées à partir du XVIIe siècle, lorsque l'homme imposa et codifia des sélections artificielles. Pourtant, certaines races sont définitivement éteintes, et d'autres sont menacées de disparition. Mais nombreuses sont les associations qui œuvrent à la préservation du patrimoine équin.

Le poney Dales (ci-contre) et le Fell (ci-dessous) sont des races modernes qui ont pour ancêtre commun l'ancien poney Galloway d'Écosse. Ces deux races « de montagne et de landes » ont hérité de la robustesse et de l'énergie du Galloway, mais sont mieux adaptées à la demande d'aujourd'hui.

L'ORIGINE DES EXTINCTIONS

Deux principales raisons entraînent l'extinction d'une race chevaline.

La sélection artificielle De nombreux chevaux sont élevés par l'homme dans des buts précis. Lorsque la demande ne se fait plus sentir, l'élevage s'interrompt. En Cornouailles, par exemple, le poney de Goonhilly était largement utilisé comme animal de bât. Avec l'avènement des transports motorisés, au XXe siècle, l'élevage du Goonhilly fut arrêté, et cette race de robustes poneys a aujourd'hui complètement disparu.

La sélection naturelle Elle a sévi principalement aux temps préhistoriques, lorsque le climat de l'Europe a subi de rapides modifications. De nombreuses races animales furent incapables de s'adapter assez vite à ces changements et s'éteignirent.

DES SOUCHES TRÈS ANCIENNES

Certaines races aujourd'hui disparues ont joué un rôle très important dans l'évolution des chevaux modernes. Ainsi le poney Galloway, qu'on trouvait aux confins de l'Écosse jusqu'au début du XIXe siècle et qui servait d'animal de bât.

éteintes

Certaines races chevalines existant aujourd'hui en Grande-Bretagne sont issues de ces souches : les poneys Fell et Dales, ainsi que le Clydesdale — une race de grands chevaux de trait.

LES RACES DEVENUES RARES

Le déclin d'une population chevaline intervient lorsque la race est devenue moins utile à l'homme. Certaines races ont été sauvées parce qu'on leur a trouvé d'autres utilités. Ainsi le Nordland, par exemple, autrefois utilisé comme cheval de trait, a été recyclé en tant que poney de rééducation pour les handicapés.

Quelques races devenues rares subsistent parce qu'elles sont utilisées pour l'élevage d'autres types de chevaux. En Grande-Bretagne, par exemple, le Cleveland Bay est un bon cheval d'attelage, mais il est souvent croisé avec des Pur-Sang pour produire des chevaux de chasse de qualité.

SAUVER LES RACES

La survie des races devenues rares dépend entièrement des associations créées dans ce but. Les passionnés encouragent ainsi l'élevage.

En Grande-Bretagne, le poney Dales a failli s'éteindre juste après la Seconde Guerre mondiale du fait de l'utilisation des véhicules à moteur. En 1955, il n'y avait plus que quatre sujets enregistrés. L'association de race réagit avec vigueur pour essayer de reconstituer le cheptel. Les juments de bonne conformation furent mises à la reproduction avec des étalons autorisés, et les produits furent inscrits au stud-book. On continua ainsi jusqu'à ce que le type original soit retrouvé. En France, le poney landais et le poney ariégeois, dit de Mérens, étaient eux aussi menacés d'extinction. Le patient travail du Syndicat de la race Pyrénées-ariégeoise et de l'Association du poney landais nous permet d'apprécier aujourd'hui ces petits chevaux d'origine très ancienne.

▼ **Moins connu que le Fjord,** le poney Nordland de Norvège a été sauvé d'extinction par un regain d'intérêt et un « recyclage » dans l'équitation de loisirs.

▲ **Le Cleveland Bay** est une très belle race britannique aujourd'hui utilisée pour produire des hunters de qualité.

▼ **Le Clydesdale** est un cheval de trait d'outre-Manche probablement issu du Galloway.

Les races menacées / 2

Une race de chevaux ou de poneys peut devenir rare sous sa forme pure si on la croise dans le but d'obtenir de nouvelles caractéristiques. Lorsque le nombre des représentants d'une race donnée diminue sensiblement, l'inbreeding conduit souvent à une baisse de qualité, qui risque à son tour de mener à l'extinction complète de cette race.

LA MODERNISATION

Le Murakozi hongrois est un cheval de ferme qui a prospéré à une époque, mais qui est en train de disparaître.

Les Hongrois ont lancé un programme destiné à produire des chevaux de trait plus forts et plus robustes en croisant le Murakozi avec des Ardennais et des Percherons importés. Il en est résulté le Cheval lourd hongrois, nouvelle race qui a aujourd'hui remplacé le Murakozi. Bien que l'on ait tenté d'améliorer le Murakozi lui-même, son élevage est sur le déclin.

Le Knabstrup danois est lui aussi en voie d'extinction. On voyait autrefois ce cheval frêle à la robe mouchetée dans les cirques du monde entier. Les cavaliers recherchant aujourd'hui des montures plus robustes, le Knabstrup est le plus souvent croisé avec le Frederiksborg afin d'obtenir des animaux plus vigoureux et plus polyvalents. Il reste donc actuellement très peu de Knabstrups de pur sang.

On a cru au début du XXe siècle que le Trotteur du Norfolk (également appelé Norfolk Roadster) avait disparu, mais on en a récemment découvert quelques spécimens. Cette race a joué un rôle important dans le développement du Hackney et a influencé le Trotteur français, le Breton, le Torik russe et le Cheval d'attelage letton. Il reste aujourd'hui très peu de Trotteurs du Norfolk de pur sang, et cette situation n'ira certainement pas en s'améliorant.

DU NEUF AVEC DU VIEUX

Le Strelet russe est une race aujourd'hui disparue. Il ressemblait à un grand Arabe et était autrefois utilisé en Ukraine comme cheval polyvalent. Dans les années vingt, il ne restait plus que deux étalons et quelques juments : le Strelet était condamné.

▶ **Le Terski russe** provient du croisement du Strelet, race aujourd'hui disparue, avec des Arabes de pur sang. Les éleveurs voulaient absolument sauver les qualités d'endurance et de vigueur du Strelet avant qu'il ne s'éteigne complètement.

◀ **On voyait autrefois** beaucoup de Knabstrups, mais les effectifs de cette race frêle sont aujourd'hui en diminution, l'équitation moderne exigeant des animaux plus robustes.

▼ **Le Murakozi** de pur sang est en voie de disparition, car ses caractéristiques ne correspondent plus aux besoins modernes.

Lorsque les effectifs d'une race sont très réduits, le choix de reproducteurs est limité, si bien que les éleveurs sont obligés d'allier des animaux consanguins.

Quand il y a inbreeding, les anomalies héréditaires récessives ont tendance à apparaître au bout de quelques générations. Cela peut produire des animaux moins utiles à l'homme ou incapables de survivre à l'état sauvage. Cela conduit souvent aussi, par voie de conséquence, à l'extinction pure et simple de la race.

Pour résoudre ce problème, les éleveurs russes envoyèrent tous les Strelets restants dans un haras, où les juments furent accouplées à des Arabes de pur sang et les étalons à des poulinières métisses.

Les produits de ces croisements furent ensuite accouplés entre eux, et c'est ainsi que fut créé dans les années cinquante le Terski, nouvelle race de grande taille et de constitution robuste. Quant au Strelet de pur sang, il disparut complètement.

◀ ▼ **Le Breton (ci-contre)** et le Trotteur français (ci-dessous) ont un ancêtre commun, le Trotteur du Norfolk, mais, alors que les deux premiers prospèrent, le dernier a aujourd'hui pratiquement disparu.

LE SAUVETAGE D'UNE RACE

L'avenir s'annonce en revanche prometteur pour le Caspien, race redécouverte très récemment. Ce minuscule cheval vivait dans la région de la chaîne de l'Elbourz et de la mer Caspienne, au voisinage de la frontière entre l'Iran et l'Union soviétique.

On pensait cette race éteinte depuis plus de mille ans. En 1965, cependant, une éleveuse américaine vit sur la côte caspienne un étalon bai attelé à une charrette. Cet animal, dont la taille ne dépassait pas 1,10 m, était un cheval miniature doté de proportions parfaites, d'une belle robe, d'une crinière et d'une queue soyeuses.

L'éleveuse se rendit tout de suite compte de la qualité de ce cheval et de l'importance de sa découverte. Elle sillonna pendant cinq ans la région de la mer Caspienne, à la recherche d'autres spécimens. Elle en trouva trente-cinq, qu'elle transporta dans un haras de Téhéran.

Un programme d'élevage fut alors mis au point, et la Royal Horse Society iranienne acheta quelques Caspiens afin de garantir la survie de la race. Un nouveau troupeau fut créé, une partie des effectifs étant installée dans les steppes turkmènes. Les loups dévorèrent malheureusement la plupart de ces chevaux, et il fallut mettre immédiatement en sûreté le reste du troupeau.

LE RETOUR DU CASPIEN

Sept juments et un étalon furent envoyés en Angleterre, où un haras fut fondé. Ce fut une heureuse initiative car, peu après, pendant la révolution iranienne, presque tous les Caspiens qui vivaient dans leur pays natal disparurent.

L'avenir de cette race se trouve maintenant en Occident. Une British Caspian Society fut créée, ainsi qu'un stud-book, au milieu des années soixante-dix. On mit également en place un programme d'élevage très sévère afin de sauvegarder la pureté de la race.

Son calme, sa douceur et sa petite taille font du Caspien une monture idéale pour les enfants et un excellent cheval d'attelage. Plusieurs spécimens ont récemment été exportés en Australie et en Europe continentale. Bien que les effectifs de cette race soient encore relativement faibles, l'enthousiasme des éleveurs semble lui garantir un bel avenir.

▼ **On pensait la race caspienne éteinte** depuis plus de mille ans, mais on retrouva en 1965 quelques dizaines de spécimens de ce minuscule cheval, dont l'élevage se pratique aujourd'hui essentiellement en Europe et en Australie.

Les races éteintes ou

Le Tarpan est devenu si rare qu'on ne peut plus le voir que dans les zoos et dans quelques réserves, notamment en Pologne. Théoriquement, cette race chevaline est aujourd'hui éteinte. Mais les expériences d'élevage menées par l'homme apportent à cet égard certaines lumières.

LE DÉCLIN D'UNE RACE

Jusqu'au Moyen Âge, le Tarpan était très répandu dans toutes les forêts d'Europe. Mais, peu à peu, les effectifs diminuèrent pour déboucher, au XVIIIe siècle, sur l'extinction de la race. Seuls quelques spécimens survivaient en captivité en Pologne.

Au cours des années, ces chevaux furent domestiqués, et on effectua certains croisements. Bien que leurs descendants aient toujours présenté une forte ressemblance avec le Tarpan d'origine, ils constituèrent une race à part, le Konik.

CEUX QUI RESTAIENT SAUVAGES

Le Tarpan était alors officiellement considéré comme une race éteinte, mais suscitait toujours un vif intérêt. On essaya de le recréer en croi-

▲ ▶ **Deux races devenues rares** : le cheval de Przewalski (en haut) et le Konik (ci-contre). Elles furent croisées entre elles pour reconstituer le Tarpan.

▶ **Les Tarpans** recréés de nos jours vivent en liberté dans des réserves nationales en Pologne. Ces animaux ne présentent presque pas de différence avec leurs ancêtres primitifs.

menacées / 3

sant des Koniks (leurs descendants) avec des chevaux de Przewalski — la race chevaline la plus ancienne et la plus primitive du monde.

Lorsque les chevaux de Przewalski furent découverts en Mongolie à la fin du XIXe siècle, ils étaient aussi rares que les Tarpans l'étaient au début du XVIIIe siècle. Les tribus locales les chassaient à titre de gibier, et la race était en voie d'extinction.

Un certain nombre de ces chevaux furent donc transportés en Europe, où un programme d'élevage rigoureux fut établi. Le cheval de Przewalski était sauvé. Mieux encore, l'élevage en captivité se révéla si concluant que certains spécimens purent être renvoyés dans leur pays d'origine, les montagnes de Mongolie.

Les croisements entre les Koniks et les chevaux de Przewalski furent également couronnés de succès. Les nouveaux Tarpans ressemblaient à leurs ancêtres sauvages de race pure, tant par leur caractère que par leur apparence. Le Tarpan, race éteinte, allait donc revivre.

RACES ANCIENNES ET NOUVELLES

Comme il peut faire revivre d'anciennes races, l'homme peut en créer de nouvelles. En Grande-Bretagne par exemple, on commença au début du XXe siècle à manquer de bons poneys, à la fois racés et élégants. Les éleveurs cherchèrent alors à créer une nouvelle race.

Des Pur-Sang et des Pur-Sang arabes furent croisés avec les poneys autochtones des montagnes et des landes. On obtint alors le Riding Pony anglais, un excellent petit cheval de promenade et de loisirs qui fut très vite apprécié en Grande-Bretagne et en Australie. En France, la création du poney Français de selle illustre une démarche d'élevage analogue.

DES PONEYS ISOLÉS

Il existe aujourd'hui des races qui auraient besoin de l'assistance de l'homme pour ne pas disparaître totalement. Ainsi la race américaine de Chincoteague. Provenant des petites îles de Chincoteague et d'Assateague, au large de la côte est des États-Unis, ces poneys ont échappé à tout croisement depuis des centaines d'années. Cette race accuse une forte consanguinité, ce qui entraîne un appauvrissement de la conformation et une diminution de la taille.

Si on laisse faire la nature, le poney de Chincoteague sera incapable de survivre à l'état sauvage. Un sang frais devrait rapidement être apporté pour sauver cette race.

▼ **Le poney de Chincoteague** vit dans des îles situées au large de la côte est des États-Unis. Isolés depuis des centaines d'années du reste du monde, ces chevaux souffrent d'un coefficient de consanguinité élevé.

Le très élégant Riding Pony anglais est une race développée depuis quelques décennies, répondant à une demande de plus en plus forte de bons poneys de selle, de loisirs et de compétition.

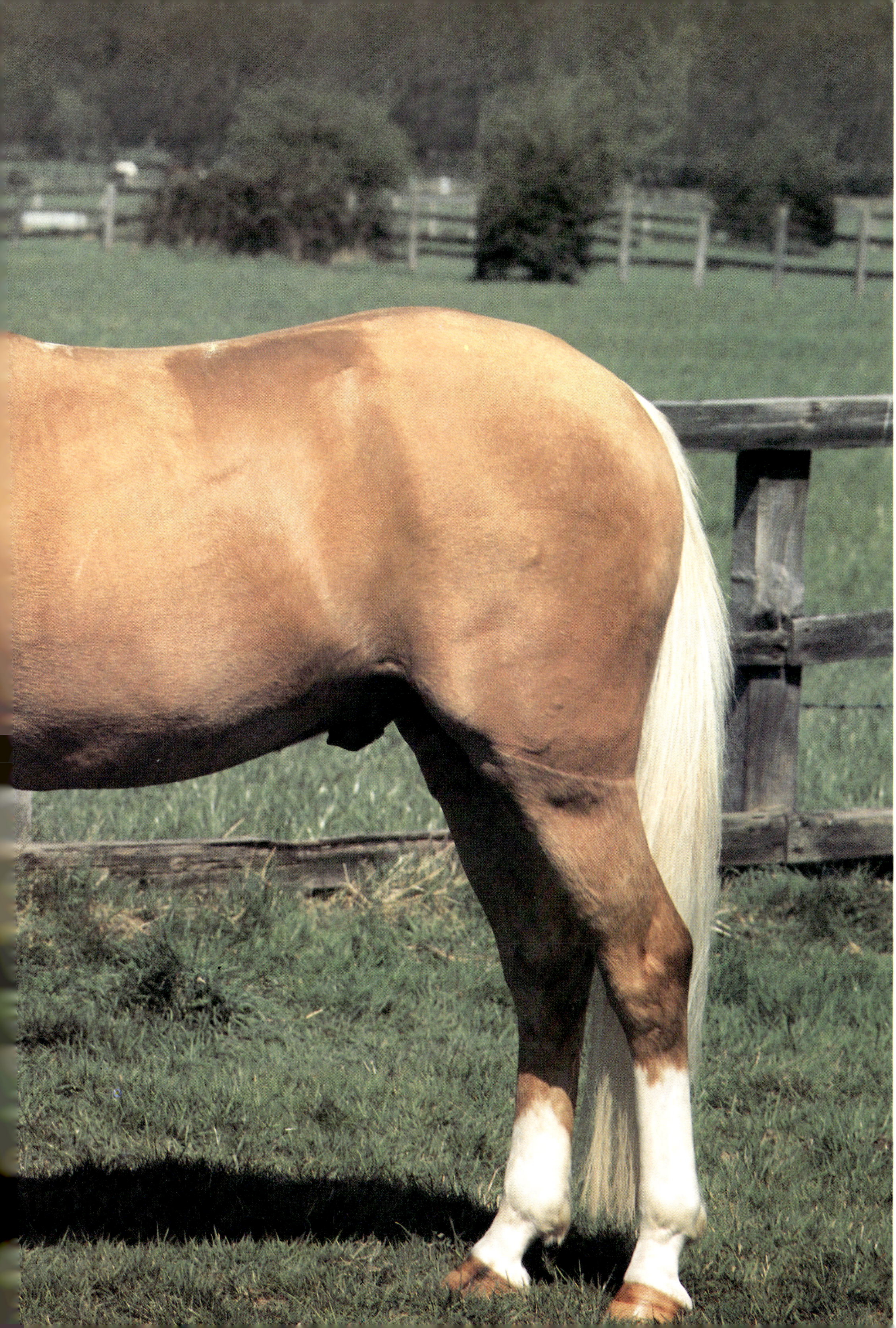

Les robes

La robe d'un cheval est caractérisée par la couleur des poils, des crins et des extrémités. C'est un élément capital pour l'identification de l'animal. On a défini douze robes principales, mais les plus fréquentes sont l'alezan, le bai, le gris, l'aubère et le rouan.

QUELLE ROBE CHOISIR ?

Le choix d'une robe est uniquement une question de goût personnel. Depuis la plus haute Antiquité, la symbolique de la couleur a donné naissance à des mythes associant la robe et les qualités du cheval.

Ainsi, Napoléon ne voulait monter que des chevaux gris. Quant aux légendaires cowboys, ils affirmaient que les chevaux louvets étaient particulièrement résistants et doués pour aider au rassemblement des troupeaux. En revanche, en Afrique du Nord, on considère que les chevaux blancs symbolisent prestige et noblesse, tandis que les chevaux noirs portent chance.

alezan

alezan brûlé

noir

bai

café au lait

gris pommelé

LES TYPES DE ROBES

Il y a quatre robes simples, caractérisées par une seule couleur.
- Blanc : robe, crins et extrémités blancs;
- alezan : robe, crins et extrémités marron ou fauve allant du clair au foncé;
- noir : robe, crins et extrémités noirs;
- café au lait : robe, crins et extrémités café au lait. Quand les crins sont très clairs, on les dit lavés, et la robe prend alors le nom de palomino.

Il y a huit robes composées.

Soit avec deux couleurs séparées :
- bai : robe alezan, crins et extrémités noirs;
- isabelle : robe café au lait, crins et extrémités noirs;
- souris : robe gris uni, crins et extrémités noirs.

Soit avec deux couleurs mélangées :
- gris : robe, crins et extrémités blancs et noirs;
- aubère : robe, crins et extrémités blancs et alezans;
- louvet : robe, crins et extrémités alezan et noirs.

Soit avec trois couleurs :
- rouan : robe, crins et extrémités peuvent être blancs, alezans et noirs.

Soit un mélange de deux robes :
- pie : robe blanche avec des taches d'alezan, de noir ou de bai.

Par ailleurs, il existe des particularités qui permettent de décrire plus précisément la robe. Ce sont, par exemple :
- le pommelé : la robe présente des zones claires bordées de foncé;
- le neigé : des bouquets de poils blancs sont disséminés sur la robe;
- le tigré : caractérisé par des lignes ou des taches foncées.

Les marques de la tête

L'identification, ou « signalement », d'un cheval est rarement réalisable avec la simple description de la robe. On a toujours besoin de mentionner sa date de naissance, son sexe, sa taille. L'élément le plus sûr est la description de ses marques blanches.

CHAQUE CHEVAL EST UNIQUE

Tous les chevaux domestiques, à de rares exceptions près, ont au moins une marque blanche, le plus souvent sur la tête ou sur les membres. Ces taches blanches sont de dimension et de forme variables et aucun cheval n'est jamais semblable à un autre.

En d'autres termes, la disposition des taches blanches sur le corps d'un cheval est un patrimoine précieux pour son signalement.

Sur la tête, on distingue les « marques en tête », situées sur le front (de « quelques poils en tête » à « très fortement en tête »), des listes situées sur le chanfrein, bandes blanches de largeur, longueur, forme et direction différentes, souvent terminées par du « ladre » (peau rose dépourvue de pigment et de poils) entre les naseaux. Cela peut aller d'une simple « pelote » en tête à un cheval « belle face » presque masqué de blanc. Sur les membres, les marques blanches qu'on appelle « balzanes » peuvent aller d'une petite tache en talons (« trace de balzane ») à un membre presque tout blanc (« balzane haut chaussée »).

LISTE FINE SUR LA MOITIÉ INFÉRIEURE DU CHANFREIN

LÉGÈREMENT EN TÊTE D'UNE BANDE RECTILIGNE PROLONGÉE PAR UNE LISTE FINE TERMINÉE EN POINTE

TROIS PÉTALES EN TÊTE

ÉTOILE

PETITES BALZANES

TRACE DE BALZANE

PRINCIPE DE BALZANE

et des jambes

FORTEMENT EN TÊTE D'UNE BANDE RECTILIGNE PROLONGÉE D'UNE LARGE LISTE

« BELLE FACE »

BALZANE HAUT CHAUSSÉE IRRÉGULIÈRE

BALZANE HAUT CHAUSSÉE

CHEVAL « QUI BOIT DANS SON BLANC »

LÉGEREMENT EN TÊTE IRRÉGULIÈRE

BALZANE CHAUSSÉE

GRANDE BALZANE AU TIERS SUPÉRIEUR DU CANON

PETITE BALZANE

LES MARQUES EN TÊTE :

Quelques poils en tête : pas plus de 1 cm de diamètre.
Légèrement en tête : jusqu'à 2 cm de diamètre.
En tête : de 2 à 5 cm de diamètre.
Fortement en tête : de 5 cm, aux limites latérales du front (salières, tempes).
Très fortement en tête : jusque dans les salières ou les tempes.
Les formes les plus fréquentes sont la pelote, l'étoile, le losange, la bande, le cœur.
Les listes :
Elles sont très fines, fines (recouvrant moins de la moitié de la partie médiane), larges (plus de la moitié de la partie médiane), ou très larges. Le cheval est dit « belle face » quand la liste déborde du chanfrein et « demi-belle face » quand elle ne couvre que la moitié droite ou gauche.

LES BALZANES :

Principe de balzane : fait le tour de la couronne sans la dépasser.
Trace de balzane : principe incomplet ne faisant pas le tour entier.
Petite balzane : se localise au boulet et au paturon.
Grande balzane : dépasse le boulet.
Balzane chaussée : atteint le genou ou le jarret.
Balzane haut chaussée : dépasse le genou ou le jarret.
Les balzanes peuvent être incomplètes, irrégulières, bordées, mélangées, mouchetées. Notez que, sur un membre comportant une balzane, la corne du sabot est généralement blanche au lieu d'être noire.

II

LES AMÉRIQUES ET L'AUSTRALIE

Le Falabella

Le Falabella est un cheval miniature et il appartient à l'une des races les plus rares du monde. Il y a environ une centaine d'années qu'il est domestiqué, et on l'élève dans un ranch proche de Buenos Aires, en Argentine. Les ancêtres de ces chevaux ont été découverts par un Irlandais nommé Newton, dont la fille avait épousé le señor Falabella. Il donna à cette race ce nom qu'elle venait d'acquérir par le mariage.

Newton avait un ranch en Argentine auprès duquel se trouvait un point d'eau, le seul à plusieurs kilomètres à la ronde. Un beau jour, un cheval minuscule vint y boire, et Newton se rendit compte qu'il s'agissait en fait d'un animal miniature absolument identique au cheval. Il le captura, et, à partir de ce sujet, il démarra un élevage de chevaux miniatures. Le développement des Falabellas connut de nombreux aléas, et il fallut de longues années pour, à partir de différents chevaux, arriver à donner au Falabella la taille qu'il a aujourd'hui.

Ces chevaux ont des caractères génétiques tout à fait uniques. D'abord, ils ont un gène dominant nanisme, ce qui signifie que, même s'ils sont croisés avec des chevaux plus grands, les produits obtenus seront minuscules. Deuxième particularité : le temps de gestation est plus long que la normale : de douze à treize mois au lieu de onze pour les autres chevaux. Enfin, les Falabellas ont deux côtes et deux vertèbres de moins que les autres races.

Extérieur Bien que de très petite taille, le Falabella possède toutes les caractéristiques d'un cheval.

Taille Moins de 0,71 m.

Robe De toutes les couleurs.

Caractère Le Falabella a un tempérament calme. Il est aussi amical, intelligent, robuste et est capable de bien sauter. Pour toutes ces raisons, c'est un animal d'agrément idéal, et il est parfois utilisé dans les attelages. Cependant, il n'est généralement pas assez résistant pour qu'on puisse le monter.

Les Falabellas d'Argentine n'atteignent qu'une hauteur au garrot de 0,71 m. Ils ont toute l'apparence d'un vrai cheval et peuvent présenter toutes les couleurs de robe.

Le poney des Amériques

Ce poney aux talents multiples existe depuis le milieu du XXe siècle. Il est né d'un croisement de l'Appaloosa et du poney de Shetland. En fait, on peut dire que le poney des Amériques est un Appaloosa de taille réduite.
En 1956, un Américain, Leslie Boomhower, accoupla un étalon shetland à une jument Appaloosa. Black Hand, le poulain, devint le fondateur de cette nouvelle race.
Un stud book a été ouvert. Seuls les poneys de constitution vaillante et portant les signes distinctifs des Appaloosa ont le droit d'y figurer.
On peut voir le poney des Amériques dans des « show rings » à travers tous les États-Unis. Il est également utilisé pour le plus grand bonheur des enfants.

EXTÉRIEUR
Son corps est de forme arrondie et profond sous la sangle, ses membres sont musclés et courts, ses jambes sont courtes et solides.

TAILLE
De 1,13 à 1,32 m.

ROBE
Les marques caractéristiques de la robe de l'Appaloosa doivent être bien présentes : le manteau est tigré, marbré, d'une couleur blanche à l'aspect givré.

PERSONNALITÉ
Comme ses ancêtres, le Poney des Amériques est d'un naturel aimable et d'un caractère facile. En raison de sa petite taille, c'est l'animal idéal pour les enfants.

Le Poney des Amériques est de race très récente. Il a de nombreux traits communs avec l'Appaloosa et le Shetland.

AUSTRALIE

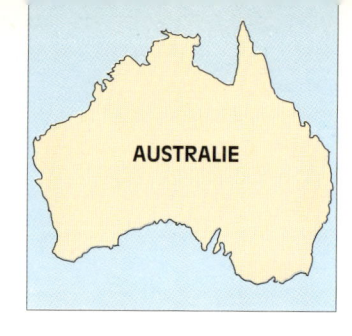

Le Brumby

Brumby est le nom donné aux chevaux sauvages qui vivent dans le bush australien. Ils ne sont pas originaires d'Australie, mais furent apportés par les colons.

D'OÙ VIENNENT-ILS ?
Quand les colons britanniques s'installèrent en Australie, au XVIIIe siècle, ils amenèrent des chevaux comme moyens de transport et de déplacement. Lors de la grande ruée vers l'or, en 1851, de nombreux autres chevaux furent importés. Mais, une fois les mines d'or épuisées, les mineurs repartirent chez eux. Ils libérèrent alors un grand nombre de chevaux, qui retournèrent rapidement à l'état sauvage et se multiplièrent. Bien que n'étant pas de race pure, leurs descendants sont vigoureux et résistants. Durant la guerre des Boers et lors de la Première Guerre mondiale, des chevaux sauvages furent rassemblés dans toute l'Australie pour la remonte des régiments de cavalerie. Sur les théâtres d'opérations, ils firent preuve de leurs légendaires qualités. Quand la guerre fut finie, on remit en liberté les chevaux en surnombre.

POURQUOI « BRUMBIES » ?
Il existe nombre de récits sur l'origine du nom Brumby. Une version raconte que les chevaux furent ainsi appelés d'après le nom de l'un des premiers colons, James Brumby, qui libéra ses chevaux dans le bush en 1804. Une autre légende assure que le nom provient du mot aborigène « baroomby », qui signifie « sauvage ». Une dernière hypothèse prétend que le mot vient de Baramba, le nom d'une petite vallée et d'un élevage de bétail dans le Queensland.

Les Brumbies descendent des premiers chevaux arrivés sur le sol australien, lesquels furent amenés de la province du Cap, en Afrique du Sud. Certains auteurs les décrivent comme le résultat de croisements entre des chevaux arabes, persans et Barbes d'Afrique du Nord.

Le Criollo

Le Criollo argentin possède du sang barbe, andalou et arabe. Il est issu des chevaux amenés en Amérique du Sud par les Espagnols au XVIe siècle. Échappés au cours des combats, ces chevaux retournèrent à la vie sauvage dans les grandes étendues de la pampa.
Leurs conditions de vie étaient dures : climat ingrat, incendies de prairie, inondations et changements de température. Seuls les animaux les plus vigoureux survécurent. En se reproduisant librement depuis trois cents ans, ces chevaux ont formé une race locale aujourd'hui bien fixée : le Criollo ou cheval créole.

Cette race ne se trouve pas seulement en Argentine. Elle existe, sous des formes légèrement différentes, dans toute l'Amérique du Sud. Au Brésil, c'est le Crioulo; au Pérou, le Costeño; au Chili, le Chileno; au Venezuela, enfin, le Llanero (cheval de plaine).
Aujourd'hui, le Criollo est encore utilisé par les éleveurs de bétail. Il est aussi très recherché pour la production d'excellents poneys de polo.

Extérieur Tête au front large, aux yeux écartés et aux oreilles expressives. L'encolure est très musclée, le poitrail bien ouvert. Le dos est court, avec une ligne de dessus bien tendue. L'arrière-main est bien développé. Les membres sont courts et solides. Les pieds sont petits, avec une corne très dure.

Taille De 1,40 à 1,55 m.

Robe Le plus souvent isabelle, souris, bai clair, avec crins et extrémités noirs, ainsi qu'une raie de mulet. Ces robes « primitives » du Criollo se fondent dans le paysage sec et sablonneux de son biotope naturel.

Caractère Le Criollo est fort, intelligent, volontaire. Il est connu pour sa légendaire endurance. Ses allures rapides sont appréciées par les gauchos pour rassembler et trier le bétail. Les Criollos sont aujourd'hui recherchés pour les grandes randonnées et le portage du bât.

Le Criollo, agile et robuste, est utilisé pour la production de poneys de polo de grande qualité.

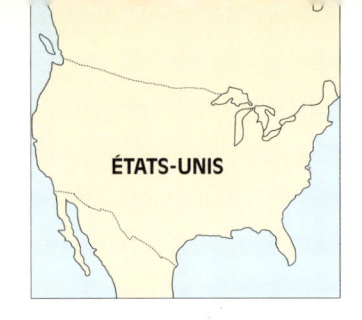

Le Mustang

ÉTATS-UNIS

En débarquant en Amérique, les pionniers espagnols amenèrent avec eux des chevaux barbes et andalous. Certains de ces animaux s'échappèrent et se reproduisirent : ce furent les premiers troupeaux de Mustangs. Au fur et à mesure que les pionniers avançaient vers l'ouest, les Mustangs furent croisés avec d'autres races importées aux États-Unis.
De nos jours, des Mustangs sont enregistrés dans les livres généalogiques de certains élevages pour déterminer les caractéristiques de la race.

Extérieur Les Mustangs sont petits et vigoureux, avec des membres forts.

Taille De 1,35 m à 1,55 m.

Robe Toutes les couleurs, y compris de peu habituelles : « chapeau de sorcier » (pinto avec des marques sombres sur les oreilles), « grulla » (louvet foncé), « claybank » (bai louvet).

Caractère Leur vie dans le désert rend les Mustangs intrépides. Ils ne sont donc pas toujours faciles.

Les Mustangs sont vigoureux pour leur taille et ont des robes de couleurs extrêmement variées. Sauvages au départ, ils devinrent par la suite des montures recherchées par les cow-boys.

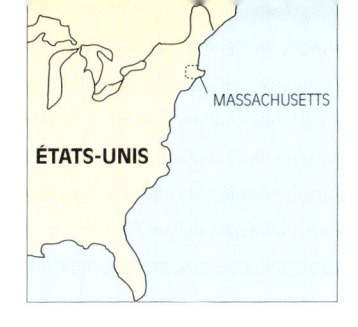

Le Morgan

L'élevage du Morgan a pour lieu d'origine l'État américain du Massachusetts. Il remonte aux années 1790. Le fondateur de cette race est un poulain bai qui s'appelait Figure et avait, pense-t-on, du sang d'Arabe, de Pur-Sang et de Cob gallois. Ce cheval fut donné à un certain Justin Morgan en remboursement d'une dette. Morgan n'eut pas à le regretter : il l'utilisa pour des travaux de labour et de transport, il le monta en concours hippique et le fit participer à des concours d'attelage. Excellent étalon, Figure saillit de nombreuses juments, et les poulains issus de ces croisements héritèrent de la force et de l'endurance de leur père. Après la mort de Justin Morgan, l'élevage fut assuré par l'armée américaine dans un haras du Vermont.

Extérieur Le tête est soit droite, soit concave, avec une physionomie éveillée. L'encolure est légèrement courbe, les épaules puissantes, et le dos court. Le Morgan a un corps compact, avec un arrière-main arrondi et musclé.

Taille De 1,40 à 1,50 m.

Robe Baie, noire, brune ou alezane.

Personnalité Les Morgans sont dociles, intelligents et courageux. Ils conviennent à la plupart des disciplines équestres.

Les Morgans sont des chevaux polyvalents et extrêmement endurants, caractéristiques qu'ils ont héritées de Figure, l'étalon fondateur de la race.

ÉTATS-UNIS
MISSOURI

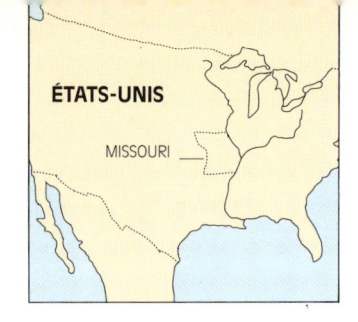

Le Missouri Fox-Trotter

Cette race fut créée au début du XIXe siècle dans les monts Ozark, situés dans l'État américain du Missouri. Elle est célèbre pour son allure particulière, le fox-trot. Les pionniers amenèrent avec eux des Arabes, des Morgans et des chevaux du Sud. Ils les croisèrent pour obtenir un cheval de selle destiné à ceux qui avaient de longues distances à parcourir. Les Fox-Trotters sont aujourd'hui utilisés pour les randonnées et les spectacles.

Extérieur La tête a une forme élégante, avec des oreilles pointées et des yeux vifs. L'encolure est musclée, les épaules sont tombantes. Le dos est court, et le corps compact.

Taille De 1,40 à 1,60 m.

Robe Toutes les couleurs sont possibles.

Personnalité Les Missouri Fox-Trotters sont dociles et faciles à dresser. Leur douceur en fait d'excellents chevaux de selle.

Grâce à leur allure confortable, les Missouri Fox-Trotters sont des chevaux parfaits pour les longs parcours.

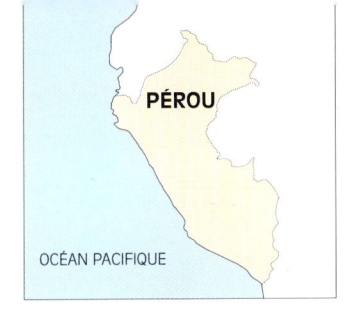

Le Péruvien

Le Péruvien dit « de Paso » est très proche du Paso Fino, que l'on trouve dans de nombreux pays d'Amérique latine, notamment à Porto Rico. On confond d'ailleurs souvent ces deux races. Leurs ancêtres furent des Barbes et des Andalous amenés au Pérou au XVIe siècle par les Espagnols. Comme son cousin le Paso Fino, l'ambleur péruvien possède une allure particulière, appelée le paso — d'où le nom de la race. Le paso est une allure dans laquelle les bipèdes sont associés latéralement, les antérieurs ayant un geste arrondi et les hanches étant abaissées lors de la propulsion des postérieurs. Cette allure est confortable pour le cavalier. Ces chevaux, qui possèdent une grande énergie, peuvent soutenir ainsi une vitesse élevée (environ 25 km/h) sur une longue distance. Le Péruvien est connu pour sa rusticité et sa frugalité. Du fait de ses allures, il constitue un spectaculaire cheval de présentation. Mais cette race est aussi appréciée pour le travail du bétail et les longs déplacements.

Extérieur Le Péruvien a une conformation proche de celle du Barbe. La disposition de l'épaule permet le geste élevé de l'antérieur, les membres sont solides et le sabot résistant.

Taille De 1,42 m à 1,55 m.

Robe En général, baie ou alezane, mais la plupart des autres robes sont admises.

Personnalité La race a conservé sa popularité grâce à la gentillesse naturelle de ces chevaux qui allient douceur de caractère, robustesse et endurance.

Le Péruvien possède une conformation rustique et une allure relevée, où les bipèdes sont latéralement associés : le paso. Ce cheval porte ici le harnachement traditionnel péruvien.

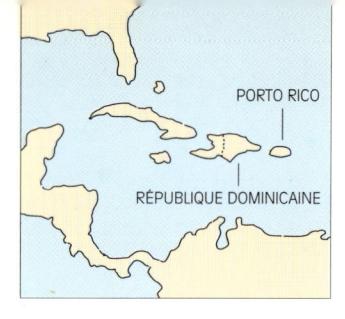

Le Paso Fino

Le Paso Fino portoricain est un petit cheval robuste aux allures très particulières. Au XVIe siècle, Christophe Colomb débarqua à Saint-Domingue des Andalous, des Barbes et des petits chevaux espagnols appelés Jennets. Certains de ces chevaux furent ensuite transportés dans l'île voisine de Porto Rico où, par sélection et croisement, ils donnèrent naissance à la race Paso Fino.

Des Jennets, le Paso a hérité ses trois allures naturelles où membres antérieurs et postérieurs se déplacent par bipèdes latéraux et non diagonaux. Le paso fino désigne aussi une allure rassemblée, très spectaculaire, dont la vitesse est à peu près celle d'un pas lent. Le paso corto, un peu plus rapide, est utilisé pour les longs parcours, le paso largo étant l'allure la plus rapide et la plus allongée.

Le Paso Fino est un cheval idéal pour parcourir de grandes distances. C'est une monture rapide et agréable. On l'utilise pour l'équitation de spectacle, mais aussi comme cheval de selle et d'attelage.

Extérieur Le Paso Fino a une petite tête, les épaules et le dos forts, l'arrière-main musclé et des jambes robustes.

Taille De 1,30 à 1,50 m.

Robe La plupart des couleurs unies.

Personnalité Le Paso Fino est une excellente monture qui convient à toutes les disciplines équestres. C'est un cheval doux et intelligent.

Le Paso Fino se déplace en utilisant les bipèdes latéraux et non diagonaux.

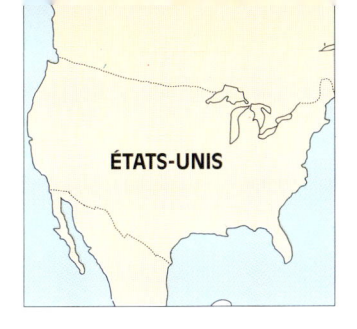

Le Tennessee

Le Tennessee Walking Horse (également appelé Plantation Walking Horse ou Turn Row) fut développé au XIXe siècle. L'étalon fondateur de cette race est un Standardbred répondant au nom de Black Allan à qui l'on fit saillir des juments pur-sang, ambleuses et saddlebred.
Ces chevaux furent d'abord utilisés par les exploitants pour parcourir leurs plantations de café et de coton. Ils étaient capables de se déplacer très vite entre les rangs sans abimer les plantes.

Le Tennessee Walking Horse a trois allures spéciales : le rack, le running et le rocking-chair. Ce sont toutes les trois des allures naturelles que le dressage permet de perfectionner.
Le rack est une allure brillante et rapide, entre le pas et le trot, à quatre temps. Le running est un pas rapide aux battues dissociées; le cheval incline la tête en cadence.
Le rocking-chair est un petit galop régulier et confortable, avec un temps de suspension moins marqué, où le cheval lève haut les pieds. Le Tennessee Walking Horse est aujourd'hui utilisé pour l'équitation et, attelé ou monté, pour les concours.

Extérieur La tête est belle, l'encolure puissante. Le dos est court, le corps robuste, et l'arrière-main musclé. La croupe est inclinée et la queue attachée haut.

Taille 1,52 m ou plus.

Robe Noire, baie, alezane, parfois grise ou rouanne.

Personnalité Le Tennessee Walking Horse est un cheval vif et docile.

Sa noble apparence fait du Tennessee Walking Horse un cheval très apprécié pour les concours.

ÉTATS-UNIS
KENTUCKY

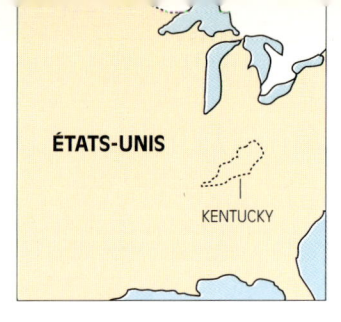

Le Saddlebred

Ce magnifique cheval, autrefois appelé cheval de selle du Kentucky, a été créé à la fin du XVIIIe siècle. L'étalon chef de race fut un Pur-Sang anglais. Les Saddlebreds furent sélectionnés avec soin pour couvrir de longues distances à vive allure. Le Saddlebred possède deux allures spécifiques, le rack lent et rapide. L'une comme l'autre sont des allures latérales (amble) à quatre temps, les membres, en particulier les antérieurs, ayant un geste relevé et des posers successifs. Aujourd'hui le Saddlebred est très présent dans les épreuves spéciales pour chevaux à trois ou à cinq allures, ou dans des compétitions d'attelage spectaculaire.

Extérieur La tête est belle et attachée à une encolure longue et arquée. L'épaule est oblique, la croupe horizontale. Les membres forts, la queue et la crinière fournies.

Taille De 1,50 à 1,60 m.

Robe Le plus souvent noire, baie, grise ou alezane. On trouve aussi du rouan, du palomino et du pie (pinto).

Personnalité Le Saddlebred est un cheval rapide et généreux.

Le Saddlebred possède une tête élégante et fière ainsi qu'un beau port de queue.

ESPAGNE

Le Palomino

Le Palomino a du sang arabe et barbe. Il était très apprécié au XVe siècle en Espagne, où la reine Isabelle la Catholique protégeait son élevage (d'où le nom de robe isabelle donné aux robes beige clair). Lorsque l'explorateur Cortés partit pour le Mexique, la reine l'autorisa à emmener avec lui quelques-uns de ses chevaux favoris. Il les présenta au comte de Palomino, à qui ils doivent leur appellation. Aujourd'hui, le Palomino est un cheval de loisir, utilisé pour les concours, l'équitation américaine, l'endurance ou l'attelage.

Extérieur Le modèle varie considérablement. En général, il est de bonne conformation et présente des similitudes avec l'Arabe, le Barbe ou le Quarter Horse.

Taille Variable selon l'origine du cheval. Il existe des poneys palominos.

Robe Toutes les nuances dorées allant du crème au brun clair. La crinière et la queue sont blond platiné. Les seules marques blanches autorisées sont une liste en tête et des balzanes non chaussées.

Personnalité Elle varie en fonction de la race et des courants de sang.

Le Palomino est connu pour sa magnifique robe dorée et ses crins blond platiné, presque blancs. L'appellation de Palomino désigne actuellement une robe et non une race proprement dite.

L'Appaloosa

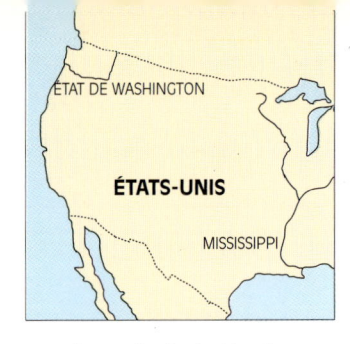

Avec leur robe tachetée si caractéristique, les Appaloosas sont souvent utilisés comme chevaux de spectacle ou de loisirs. Ils ont un tempérament doux qui en fait d'excellents chevaux pour tous les usages. Les Appaloosas furent à l'origine élevés par une tribu indienne du nord de l'Amérique, dans l'État de Washington. On les trouve maintenant partout dans le monde, mais ils sont surtout répandus aux États-Unis.

Apparence L'Appaloosa est un cheval compact au dos court et droit, au garrot bien sorti. Il a une poitrine large, des épaules bien orientées, des postérieurs puissants. Les sabots sont durs et souvent striés de bandes plus foncées. Il a une petite crinière et une courte queue.

Taille De 1,42 à 1,52 m.

Robe Exclusivement tachetée, parsemée de taches foncées, rondes ou ovales, sur fond blanc. La situation de ces taches (sur la totalité du corps ou uniquement sur l'avant-main), leur répartition et leurs nuances correspondent à des robes bien codifiées par l'Association de race.

Personnalité Ce sont des chevaux très sensibles, exceptionnellement maniables, agiles et athlétiques qui s'adaptent facilement. Ils sautent bien et ont une endurance et une vitesse remarquables sur de longues distances. Comme le Quarter-Horse, l'Appaloosa appartient aux chevaux dits de western.

ÉTATS-UNIS

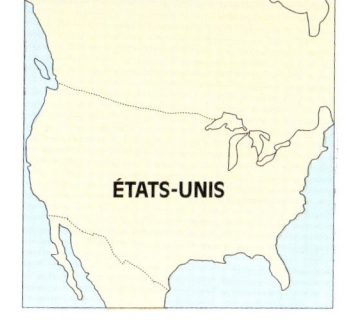

Le Pinto

Techniquement, le Pinto, ou cheval pie, n'est qu'un cheval de couleur et non une race à part entière. En Amérique, il existe un stud book réservé aux Pintos, mais on trouve des chevaux de couleur partout en Europe et en Asie.
Les Pintos étaient très estimés par les Indiens d'Amérique du Nord pour leur résistance et leur robe qui était un bon camouflage pour des chevaux de guerre.
Aujourd'hui, les éleveurs concentrent leurs efforts sur la production de robes spectaculaires plutôt que sur un modèle homogène.
Les Pintos sont si appréciés que certains concours ont même des épreuves réservées uniquement aux chevaux pie. Les chevaux sont jugés sur les taches de leur robe aussi bien que sur leur modèle et sur leur performance.

Extérieur On trouve des Pintos dans de nombreuses races, aussi leur conformation varie-t-elle beaucoup.

Taille De toutes les tailles.

Robe Les Pintos présentent deux types de robes : blanche à taches foncées (alezan, bai, noir…) ou foncée avec des taches blanches. On dit pie alezan, pie bai, pie noir si le blanc domine, et alezan pie, bai pie ou noir pie si l'autre couleur domine.
Il existe deux types de dispositions des taches : l'Overo, qui est une robe où le blanc part du ventre, et le Tobiano, où le blanc part du dos. Les taches sont alors plus nettes, sans mélange de poils.

Personnalité Le tempérament des Pintos varie selon leur race. On les voit souvent en concours à cause de leur robe qui ne passe pas inaperçue. Ils sont également utilisés pour le travail du bétail et pour l'équitation de loisirs.

Ce beau Pinto est un Tobiano, le blanc partant du dos.

Le Canadian Cutting Horse

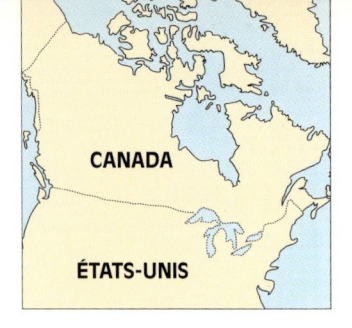

Le Cutting Horse est une des principales races du Canada. À l'époque où l'on travaillait le bétail en selle, ces chevaux étaient très recherchés. De nos jours, ils sont prisés pour les compétitions de cutting et de monte western, et pour l'équitation de loisir.
Leur nom découle de la technique du « cutting » (tri du bétail), qui consiste à sortir une bête du troupeau et à l'en maintenir isolée. Le cheval doit être rapide et agile — capable de s'incurver et de tourner court, à pleine vitesse — pour empêcher le veau choisi de retourner vers ses congénères. Le Cutting Horse canadien a du sang Quarter Horse américain, avec lequel il présente bien des points communs.

Modèle Le Canadian Cutting Horse est parfaitement bâti pour faire un cheval de ranch. Ses épaules sont musculeuses et solides, son dos court et son arrière-main développé.

Ces qualités le rendent apte aux mouvements rapides nécessaires pour « trier » un troupeau.

Taille De 1,53 à 1,62 m.

Couleur Il est habituellement noir, bai brun ou bai, ainsi que de la plupart des autres couleurs unies (mais jamais pie).

Caractère Le Canadian Cutting Horse est intelligent, et on commence à l'entraîner dès le plus jeune âge. On lui apprend à répondre aux aides les plus discrètes, afin qu'il donne l'impression de travailler sans que son cavaliers ait à lui demander quoi que ce soit.

Le Canadian Cutting Horse, intelligent et musclé, est un proche parent du Quarter Horse des États-Unis.

AUSTRALIE
NOUVELLE-GALLES DU SUD

Le Waler

Le Waler australien fut créé en Nouvelle-Galles du Sud. Ce cheval dur à la tâche a joué un rôle important dans la construction de la nation australienne. Quand les Européens commencèrent à coloniser l'Australie, à la fin du XVIIIe siècle, ils amenèrent avec eux des Basutos sud-africains et importèrent peu après des Arabes, des Barbes et des Pur-Sang. C'est le croisement de ces races qui, après quarante ans de colonisation, a donné le Waler.

Les Walers sont agiles, courageux et très endurants. Ils furent d'abord utilisés pour travailler dans les troupeaux, et ils étaient si résistants que les propriétaires de ranch pouvaient les monter toute une journée pour faire le tour de leurs immenses exploitations. Le Waler devint plus tard un cheval très apprécié dans la cavalerie. Il fut employé à la fois par l'armée australienne et par des unités britanniques qui l'emmenèrent en Inde et en Afrique du Sud. Seize mille Walers servirent pendant la guerre des Boers et cent vingt et un mille pendant la Première Guerre mondiale. Ces chevaux travaillent encore aujourd'hui dans les élevages de moutons d'Australie. Ce sont également des montures recherchées dans la police, dans la cavalerie et pour les rodéos.

Extérieur Le Waler est une version plus robuste de son ancêtre le Pur-Sang. Il a le dos et l'arrière-main musclés, l'avant-main léger. Il est puissamment charpenté et doté de membres solides.

Taille De 1,42 m à 1,60 m.

Robe Toutes les couleurs unies.

Personnalité Le Waler est doux et très endurant. C'est un cheval rapide, agile et courageux qui rend de grands services dans la police et dans les ranches.

Capable de parcourir de grandes distances au galop, le Waler est le cheval préféré des ranchers australiens.

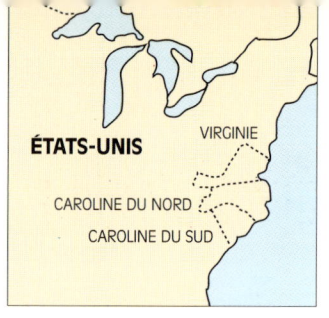

Le Quarter Horse

Le Quarter Horse est un cheval d'origine américaine, élevé depuis le XVIIe siècle par les Anglais établis dans les États de Virginie, de Caroline du Nord et de Caroline du Sud. Ces chevaux doivent leur appellation à leur aptitude à courir sur de courtes distances — un quart de mile.
La race s'est développée à partir de croisements avec des Pur-Sang anglais et des sujets autochtones.

L'étalon chef de race, Janus, était un Pur-Sang importé aux États-Unis au XVIIe siècle. Bon cheval de course sur des distances normales, il donnait la pleine mesure de son talent sur de courtes distances. Le Quarter Horse est un excellent cheval de tri du bétail. Il possède une mobilité et un équilibre naturels qui lui permettent de tourner court et d'effectuer avec adresse le travail du « cutting » (séparation d'un animal de son troupeau). Aujourd'hui, la race est aussi appréciée dans les concours, les rodéos et les compétitions d'équitation de loisir.

Extérieur Le front est large, les oreilles petites. La poitrine est bien éclatée. Le corps de ce cheval bien charpenté est très compact. Le dos, les reins et la croupe sont très musclés.

Taille De 1,56 m à 1,65 m.

Robe Toutes les robes classiques sont admises. Le bai et l'alezan sont fréquents.

Personnalité Le Quarter Horse est un cheval apprécié parce qu'il allie un caractère doux à d'exceptionnelles qualités athlétiques.

Le Quarter Horse possède un arrière-main qui lui confère une grande force de propulsion.

Le Standard américain

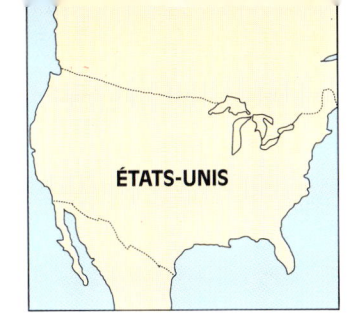

ÉTATS-UNIS

Le Standard américain est le cheval de course attelée le plus rapide du monde, qu'il s'agisse du trot ou de l'amble. L'étalon fondateur de la lignée fut un Pur-Sang né en 1849 et nommé Hambletonian. La race a aussi reçu des apports de sang Morgan et Hackeney.
En 1879, l'Association nationale des éleveurs de trotteurs (association américaine) a défini une liste de critères sélectifs dont la reconnaissance permettait d'inscrire le Standard au stud-book de la race.
Les chevaux devaient être capables de couvrir une distance de 1 600 mètres en moins de deux minutes et demie pour être enregistrés.
De nos jours, les qualités des Standards américains sont telles qu'on les exporte partout dans le monde pour améliorer d'autres chevaux de course attelée.

Extérieur Très proche de celui du Pur-Sang, bien que le Standard soit de conformation plus courte et légèrement plus massive. La poitrine est profonde, l'arrière-main fortement musclé, et les jambes longues et robustes.

Taille 1,52 m.

Robe Toutes les couleurs franches.

Personnalité Le Standard américain est courageux et résolu.

Avec ses jambes solides et son corps puissant, le Standard américain est bâti pour la vitesse. Cheval de course attelée le plus rapide du monde, il est surtout élevé dans le Kentucky.

III

LES ILES BRITANNIQUES

Le Shetland

ÎLES SHETLAND
ÉCOSSE

On pense que les Shetlands vivent dans les îles du même nom depuis plusieurs millénaires.
Ces îles, situées au nord de l'Écosse, offrent un climat frais et humide auquel les Shetlands sont bien adaptés. L'hiver, leur robe très fournie les protège du froid et de la pluie. Ils peuvent survivre en mangeant peu, et, lorsqu'il n'y a pas d'arbres aux alentours, leur petite taille leur permet de s'abriter des intempéries derrière des rochers. Ils sont d'une constitution très robuste.
Les Shetlands représentaient autrefois le seul moyen de transport sur l'archipel. On les utilisait à la fois comme bêtes de somme et comme montures. Du fait de l'isolement des îles Shetland, cette race resta pure pendant des siècles.
Le développement de l'industrie houillère dans le nord de l'Angleterre et au Pays de Galles mit fin à cet isolement.
Les poneys shetlandais convenaient particulièrement bien au travail dans les mines : ils étaient assez petits pour entrer dans les puits et assez forts pour tirer les lourds wagonnets de charbon. On en fit donc venir en grand nombre et on les croisa avec d'autres races pour augmenter encore leur puissance et leur rusticité. Des haras furent cependant créés sur les îles de Bressay et de Noss, afin de préserver la pureté de la race.
Les Shetlands sont aujourd'hui des poneys appréciés pour toutes les activités de loisir, et notamment pour l'initiation des enfants à l'équitation.

Extérieur La tête est petite, avec des oreilles fines et de grands yeux. Le cou est puissant, la poitrine profonde et le dos relativement court. Les jambes sont courtes et très robustes, avec des sabots durs. La crinière et la queue sont fournies. La queue est portée haute.

Taille Jusqu'à 1,10 m.

Robe Toutes les couleurs unies.

Personnalité Les Shetlands sont généralement intelligents et doux.

Ce bel étalon Shetland a la petite taille et la robustesse typiques de sa race. Sa crinière et sa queue sont fournies, mais son pelage d'été est soyeux.

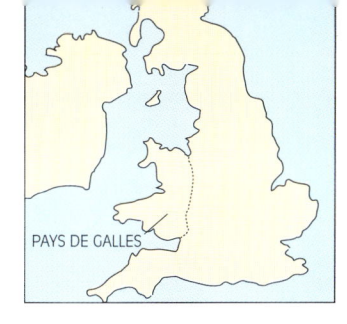

Le Welsh de type A

PAYS DE GALLES

Les Welsh de type A (c'est-à-dire dont la taille est inférieure à 1,27 m), encore appelés Welsh Mountain Ponies, paissent dans les montagnes et les landes du pays de Galles depuis plus de mille ans. Lorsque Jules César débarqua en Grande-Bretagne, il créa un haras.
Depuis, le Welsh Mountain Pony est très utilisé pour les croisements. Il est à l'origine du Polo Pony, du Hack et du Hunter. On employa aussi les juments Welsh lors de la création du Pur-Sang.

Les Welsh Mountain Ponies ont été plus exportés qu'aucune autre race britannique, et les éleveurs étrangers ont toujours versé de très fortes sommes pour les acquérir.
Malgré leur petite taille, ils sont forts et peuvent facilement porter un adulte. Ils furent souvent utilisés comme chevaux de mine au XIXe siècle.
Des troupeaux de poneys sauvages paissent encore aujourd'hui dans les montagnes du pays de Galles. Quand on les a domestiqués, ce sont d'excellents sauteurs. Cette race est très demandée, dans tous les pays, pour enseigner l'équitation aux enfants et aux débutants.

Extérieur Les Welsh Mountain Ponies ressemblent à des Arabes miniatures. La tête est petite et élégante, avec des oreilles bien plantées, courtes et minces, et des yeux intelligents. Le profil concave évoque l'Arabe. L'encolure est longue, le dos et les reins sont musclés, la queue est portée haut.

Taille Jusqu'à 1,27 m.

Robe Toutes les couleurs unies.

Personnalité Les Welsh Mountain Ponies sont intelligents et courageux. Les dures conditions de vie de leur habitat montagnard les rendent très résistants.

Les Welsh Mountain Ponies sont courageux et dociles. Ces robustes poneys font d'excellentes montures pour les enfants.

Le Welsh de type B

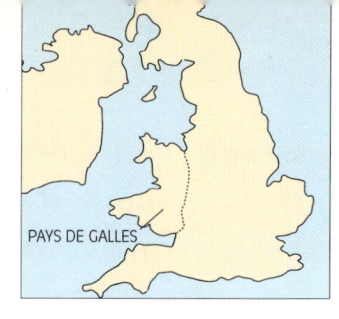

Le Welsh Pony constitue la section B du stud-book des poneys gallois. C'est un animal plus grand et plus moderne que le Welsh Mountain pony (section A). Le Welsh Pony descend lui aussi des petits chevaux vifs qui vivaient en liberté dans les collines du Pays de Galles au temps des Romains. À l'origine, il a été élevé par les fermiers de ces montagnes pour servir de moyen de transport et pour aider à la surveillance des moutons dans les pâturages.

Au XIXe siècle, les Welsh Ponies étaient très utilisés pour le travail des mines dans le Pays de Galles. Ils allaient peu à peu remplacer les femmes et les jeunes garçons qui remorquaient les chariots du point d'extraction du charbon au puits de mine. En 1911, la loi réglementa les heures de travail des poneys dans les mines. Les infatigables Welsh supportaient mieux leurs dures conditions de travail que la plupart des autres races de poneys ou de chevaux utilisés dans l'industrie.

Le Welsh Pony a contribué à la formation de nombreuses autres races équines, dont le Hackney, le Hack, le Riding Pony et le poney Français de Selle. Aujourd'hui, le Welsh Pony est un des poneys les plus appréciés pour la compétition.

Extérieur Le Welsh Pony ressemble un peu au Welsh Mountain, mais il est plus grand et davantage bâti en poney de selle. Sa tête est belle, avec des yeux doux et intelligents.

Taille Moins de 1,37 m.

Robe Toutes robes admises, sauf le pie.

Personnalité Le Welsh Pony est gentil, mais possède parfois du sang et de la vivacité, ce qui le fait conseiller aux jeunes cavaliers déjà expérimentés. C'est un poney à la fois robuste et remarquable sous la selle.

Le Welsh Pony proprement dit correspond à la section B du stud-book des poneys gallois.

Exmoor

L'Exmoor est une région de landes située dans le sud-ouest de l'Angleterre. Elle a donné son nom aux poneys qui vivent là en liberté et représentent la plus ancienne et la plus pure de toutes les races anglaises.
On a trouvé en Alaska des fossiles datant de la dernière période glaciaire, qui pourraient être ceux des ancêtres du poney d'Exmoor. On pense que ces chevaux migrèrent en Europe à l'époque où l'on pouvait passer d'un continent à l'autre à pied sec. Ceux qui arrivèrent finalement dans le sud-ouest de l'Angleterre y restèrent et acquirent peu à peu les caractéristiques du poney d'Exmoor actuel.
Une race semblable s'était déjà développée lorsque les Romains envahirent les îles Britanniques : leurs armées se heurtèrent à une résistance farouche de la part de tribus qui utilisaient ce type de chevaux pour tirer leurs chars.
Des troupes de poneys d'Exmoor vivent aujourd'hui en liberté dans les landes, mais ils sont rassemblés tous les automnes, et les plus beaux spécimens sont inscrits dans le stud-book. On les marque d'un numéro individuel sur la cuisse gauche, d'un numéro de troupe et de l'étoile de l'Exmoor Society sur l'épaule gauche, puis on les relâche.

Apparence Le poney d'Exmoor a les oreilles courtes et le front large. Ses yeux globuleux possèdent une paupière supérieure lourde et tombante (on appelle cela des yeux de crapaud). Il a l'encolure courte et épaisse, la poitrine profonde, le dos large et des jambes courtes et puissantes. Son pelage est épais et imperméable l'hiver, ras et luisant l'été. Le haut de sa queue fournie présente une touffe en forme d'éventail.

Taille Jusqu'à 1,22 m.

Robe Baie, brune ou souris avec des taches noires. La bouche, de couleur claire, est mouchetée. Cette coloration se retrouve sur le ventre et entre les cuisses.

Personnalité Les poneys d'Exmoor sont intelligents, robustes et endurants. On les a utilisés comme chevaux de bât et pour la surveillance des troupeaux, mais ils sont aujourd'hui appréciés pour la randonnée, les concours hippiques et l'attelage. Si on les traite avec douceur et patience, ce sont des poneys idéaux pour les enfants, et on les utilise comme montures pour les handicapés. Ils sont cependant assez vigoureux pour porter des adultes.

Les poneys d'Exmoor, la plus ancienne des races anglaises, vivent en liberté dans les landes du sud-ouest de l'Angleterre dont ils portent le nom. Ces chevaux courageux mais doux se reconnaissent facilement à leur nez moucheté de couleur claire.

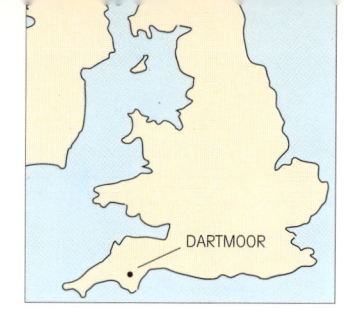

Le Dartmoor

Le Dartmoor est une région désolée dont le sol granitique, parcouru de maigres cours d'eau, ne produit qu'une herbe grossière et rare. Au milieu de cette lande battue par les vents a évolué une race rustique de poneys qui en a reçu le nom. En 1899, la Polo Pony Society, qui devait devenir la National Pony Society par la suite, instaura des standards fixes pour l'élevage des Dartmoors. Mais, au début du XXe siècle, le boom de l'industrie minière conduisit à l'importation de quelques poneys Shetlands dans le Dartmoor. Les croisements avec les poneys indigènes donnèrent un poney costaud, mais plus petit, adapté au travail en souterrain dans les mines.

Plus tard, en 1924, se forma la Dartmoor Pony Society, qui s'appliqua à revenir à l'élevage des Dartmoors « conformes au type originel ».

Conformation Le Dartmoor a une tête petite et attirante, avec des yeux intelligents et des oreilles très mobiles. Son encolure est forte et son dos musclé. Son arrière-main, ses membres et ses pieds sont bien formés et donnent au Dartmoor un bon modèle d'ensemble. Sa crinière et sa queue (attachée haut) sont très fournies.

Taille Pas plus de 1,25 m. Robe baie, bai-brun, noire, parfois grise, rouanne ou alezane. Le pie n'est pas accepté, mais de petites marques blanches sont autorisées pour les animaux de concours.

Caractère Le Dartmoor est plaisant et avisé, ce qui, allié à son modèle, en fait un poney idéal pour enfants. Les Dartmoors peuvent être utilisés pour l'obstacle, la chasse et l'attelage ; ils sont également assez forts pour porter des adultes.

Les poneys Dartmoors vivent dans les landes du Devon. Lorsqu'ils sont domestiqués (médaillon), ils font des montures idéales car ils s'adaptent facilement à leur environnement.

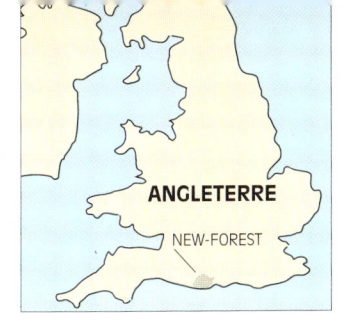

Le New-Forest

La région du New-Forest, en Angleterre, a donné son nom à la plus grande race de poneys des landes et des montagnes. On trouve la trace de chevaux dans le New-Forest dès le XIe siècle, et on pense que ce sont les ancêtres des robustes poneys qu'on y trouve aujourd'hui.
Les pâtures de la contrée sont parfois clairsemées et n'offrent que des bruyères et des herbes peu nutritives. Les poneys New-Forest ont su s'adapter à ces maigres ressources et ont acquis vaillance et sûreté de pied en cherchant leur nourriture.

Au fil du temps, ces poneys se sont croisés avec d'autres chevaux locaux, qui rôdaient dans les parages. À certaines époques, on les a délibérément mis en contact avec des races différentes, dans le but de les améliorer. En 1852, par exemple, la reine Victoria a permis que son étalon arabe, Zora, soit lâché gratuitement huit ans durant parmi les troupeaux de New-Forest.

Extérieur Les poneys New-Forest ont d'attachantes têtes typées « poney ». Ils ont les épaules presque droites, une poitrine profonde mais étroite et le rein court. Leurs jambes et leurs pieds sont solides, leur arrière-main puissant.

Taille Deux catégories de New-Forest : « A » jusqu'à 1,34 m ; « B » jusqu'à 1,45 m.

Robe Toutes les couleurs, sauf les pies.

Personnalité Les poneys New-Forest sont intelligents et dociles. Ils font d'excellentes montures pour l'équitation familiale, car ils sont à la fois assez solides pour porter un adulte et assez étroits pour que des enfants puissent les chevaucher. Comme la région est appréciée par les touristes et accessible par de nombreuses routes, les poneys ont pris l'habitude de côtoyer les gens et ne sont pas impressionnés par la circulation. Leur renommée est maintenant établie partout dans le monde.

Dans le New-Forest, les poneys n'ont qu'une maigre nourriture pour survivre. Ceux qui y grandissent sont par conséquent rustiques et résistants.

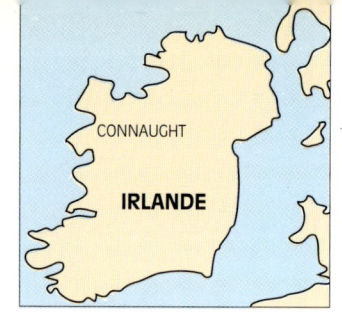

Le Connemara

Le Connemara tire son nom de la région du Connaught, dans l'ouest de la république d'Irlande. Son berceau est fait de landes rocailleuses, balayées par les vents.
Encore que ses origines soient incertaines, on les explique de plusieurs manières. Une légende voudrait que les ancêtres du Connemara aient été les survivants des chevaux de l'Armada espagnole qui fit naufrage au large de la côte ouest de l'Irlande en 1588. Une autre idée avancée est que des négociants de Galway, commerçant avec les Espagnols, leur achetaient des chevaux et les croisaient avec des sujets locaux. On a aussi évoqué la possible parenté du Connemara avec les chevaux des Celtes, qui s'établirent dans les îles Britanniques vers le IVe siècle. Des Connemaras sont élevés dans toute l'Europe, en Australie et en Amérique, et concourent dans la plupart des activités équestres : dressage, saut d'obstacles, endurance, chasse à courre et attelage.

Extérieur La tête est petite, les yeux sombres et les oreilles courtes. L'encolure est rouée et les épaules sont obliques. Le corps est ramassé et la poitrine ample, les jambes sont courtes et l'arrière-main puissant, la queue portée haut.

Taille 1,30 à 1,40 m.

Couleur À l'origine, le Connemara était isabelle avec des marques noires et une raie de mulet. De nos jours, il est le plus souvent gris, mais aussi isabelle, bai brun, bai noir, rouan ou alezan.

Caractère Dans son berceau désertique, le Connemara ne peut brouter qu'une herbe grossière. Il a dû se faire rustique pour survivre. Intelligent, doux et puissant, il fait une monture idéale, tant pour les adultes que pour les enfants.

Le rustique Connemara est enfant des landes rocailleuses du comté de Galway, situé dans la province irlandaise du Connaught. A l'origine, le Connemara était isabelle marqué de noir.

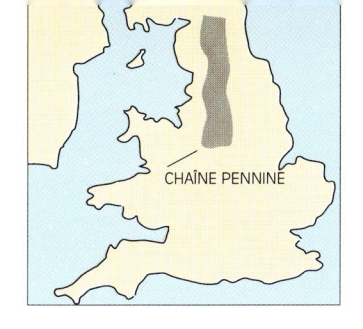

Le Dales

Ces poneys aux talents variés sont originaires de la chaîne Pennine.
De nombreuses races — dont le Scotch Galloway, disparu, le Wilson (devenu le Hackney), le Norfolk et le trotteur du Yorkshire — jouèrent un rôle dans l'évolution du Dales. Jusqu'au milieu du XIXe siècle, on a élevé des Dales pour disposer d'animaux de trait et de bât, principalement dans l'industrie du plomb alors en pleine expansion.
En dépit de leur faible taille, ils peuvent porter jusqu'à 125 kg et tirer une tonne.

Au cours des deux dernières guerres, les Dales ont été utilisés par les régiments d'artillerie. Après la Seconde Guerre mondiale, la race se trouva au bord de l'extinction, mais elle fut sauvée par les éleveurs et la Société du poney Dales.

Extérieur La tête fine est typiquement celle d'un poney. Les yeux sont larges et les oreilles agréablement cintrées. La forte encolure est attachée à des épaules bien rivées à une ample poitrine. L'arrière-main est puissant, les jambes solides et pourvues de fanons fournis. Crinière et queue sont portées longues.

Robe Noire, parfois baie, et même rouanne.

Caractère Les poneys Dales sont intelligents et pleins de bon sens. Trotteurs élégants et rapides, ils font de bonnes montures de concours hippique.
Aujourd'hui, ils sont prisés comme chevaux de randonnée et d'attelage, mais aussi pour bien d'autres activités équestres.
Adultes et enfants peuvent monter des Dales, mais on ne peut les recommander à des débutants en raison de leur puissance.

Les poneys Dales tirent leur nom de la configuration de leur région d'origine : les vallons (« dales » en anglais) séparant les collines de la chaîne Pennine.

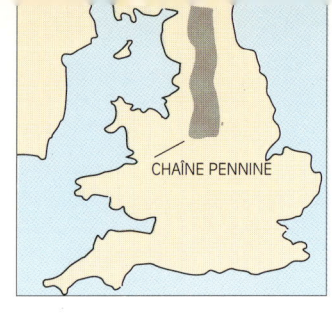

Le Fell

Ce poney est issu d'une région de hauteurs (fells) et de crêtes située au nord-ouest de l'Angleterre et constituée par le versant ouest des Pennines, chaîne culminant au Cross Fell, et par le masif du Cumberland. Le poney Fell compte parmi ses ancêtres le Galloway, originaire du sud-ouest de l'Écosse, mais aussi le Frison hollandais. Comme son voisin le Dales, le Fell était, au XIXe siècle, employé pour le transport des marchandises depuis les mines jusqu'aux entrepôts des bords de la rivière Tyne. Les poneys portaient de lourds paniers de bât remplis de marchandises, et se déplaçaient par groupes d'une vingtaine, dirigés par un homme à cheval. Ils étaient également utilisés pour la surveillance des troupeaux, les travaux des champs, les déplacements en carriole, mais aussi pour les sports équestres tels que les courses de trot. Grâce aux efforts de la Fell Pony Society, le Fell est demeuré l'une des races les plus pures parmi les poneys britanniques dits de montagnes et de landes. Aujourd'hui, les Fells sont de plus en plus nombreux, car ce sont de bons poneys de loisir.

Apparence Le Fell possède une petite tête au front large et aux oreilles expressives. L'épaule est longue et bien oblique; le dos et les hanches sont forts. Les membres sont courts et solides, les jarrets bien dirigés. Queue et crinières sont longues et fournies.

Taille De 1,35 à 1,42 m.

Robe Le plus souvent noire, parfois baie ou grise. Les marques blanches sont tolérées si elles restent très discrètes.

Tempérament Le Fell est énergique et courageux. Issu d'un terroir montagneux, il a naturellement le pied sûr. Aujourd'hui, il est utilisé pour les randonnées touristiques, pour l'équitation de loisir et pour l'attelage. Certains sont également appréciés pour la chasse. Le poney Fell est exporté dans le monde entier et contribue bien souvent à l'amélioration d'autres races.

Le nom de « Fell » provient d'un mot anglais signifiant « hauteur ». Ce poney vient en effet de la région des monts Pennins et du massif du Cumberland, en Angleterre.

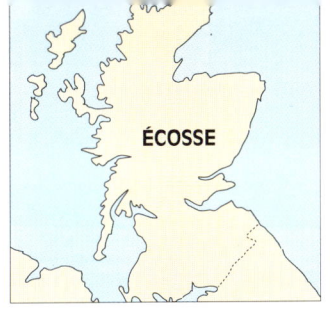

Le Highland

ÉCOSSE

Le Highland est la race de poneys de bonne taille la plus puissante des brandes et montagnes anglaises. Il a pour berceau les hautes terres d'Écosse et les îles au large de la côte ouest de ce pays.
Bien que les origines précises du Highland ne soient pas connues, ce poney vit en Écosse depuis des siècles. On l'y a croisé avec des chevaux étrangers, et plus particulièrement des Arabes.
Il y a deux types de Highlands : le Garron, vivant en Angleterre même, et le poney des îles de l'Ouest, plus petit et plus agile. Les Highlands ont de grandes facultés d'adaptation et ont su s'habituer au fil du temps à toute sorte de travaux : attelage, bât, débardage en forêt, traction des charrettes, conduite des moutons. Ces poneys étaient aussi montés en campagne pour pratiquer des sports tels que la chasse.

Extérieur Les Highlands ont une face large, dotée d'yeux brillants et de courtes oreilles. Leur encolure est rouée et solide, leur poitrine profonde et ramassée. Leur dos est court, et leur croupe puissante. Leurs jambes portent des fanons, et leur queue et leur crinière sont soyeuses et bien fournies.

Taille De 1,30 m à 1,42 m.

Couleur Toutes les teintes isabelle, baie, noire et grise, généralement pommelées. Un grand nombre de ces poneys portent une raie de mulet et parfois des zébrures sur les membres.

Personnalité Les poneys highland sont équilibrés, intelligents, dociles et capables de s'adapter à toutes les situations. Ils sont toujours utilisés pour le travail dans quelques régions d'Écosse, mais sont souvent montés pour le plaisir. Les Highlands sont cotés comme reproducteurs par les chasseurs à courre et les amateurs de concours complet. De race pure, ils ont souvent remporté des succès en compétition d'attelage.

Le Highland est assez fort pour venir à bout de la plupart des travaux, tout comme il est assez gentil pour se laisser monter par des cavaliers maladroits.

Le Poney de selle anglais

Avec le succès des concours et de l'équitation en Grande-Bretagne au cours du XXè siècle, la demande pour des poneys élégants et de bonne qualité est de plus en plus importante. Ce phénomène de société entraina le developpement d'une race qui aboutit à la naissance du poney de selle moderne.
Les éleveurs choisirent des poney Moorland et d'autres d'origine britanniques : Welsh, Dartmoor ou Exmoor. Ils les croisèrent avec des Purs-Sangs et des chevaux Arabes. Le résultat a donné ce poney solide, bien assuré sur des jambes, de bel aspect et qui a hérité des principales qualités de ses ascendants de sang chaud. On distingue deux types de poney de selle britannique. L'un est d'un rang supérieur, particulièrement élégant. L'autre est un "Hunter" un peu plus robuste.
On les voit aujourd'hui dans des concours où on juge à la fois leur aspect et leur performances. Les Hunters sont présents dans deux épreuves particulières : l'une consacrée au dressage ("Working Hunter Pony Classes), l'autre à l'équitation ("Ridden Show Hunter classes"). Dans tous les cas, ce sont des chevaux de selles idéaux, adaptés à tous les loisirs.

EXTÉRIEUR
Les Poney de Selle Anglais ont des yeux vifs et de petites oreilles. Leur corps est compact, élégant.

TAILLE
Jusqu'à 1,52 m.

ROBE
Toutes les couleurs pourvus qu'elle soient régulières.

PERSONNALITÉ
Ces poneys sont de caractère facile, comme la plupart des Moorland. Ils sont aussi plein de grace.

Catherson Night Safe est un magnifique specimen du Poney de selle anglais. Cette race, issue de plusieurs croisements, est devenue officielle en 1983, avec l'ouverture de son stud book.

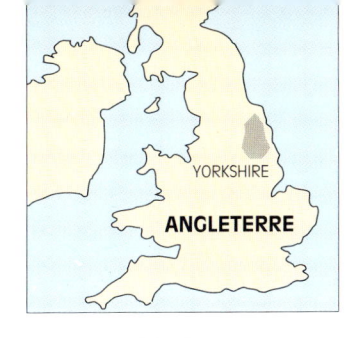

Le Hackney

Il s'agit à la fois d'une race de chevaux et d'une race de poneys d'origine britannique et très populaire dans les pays anglo-saxons. Les Hackneys sont aisément reconnaissables à l'étonnante action relevée de leur trot.
Le Hackney a été créé au XVIIIe siècle à partir de races de trotteurs, le Norfolk et le Carrossier du Yorkshire (Roadster).
L'un des étalons chefs de lignée s'appelait Shales et était le petit-fils du pur-sang Flying Childers, lui-même descendant direct du fameux Darley Arabian qui fut à l'origine de la race Pur-Sang.
L'invention du chemin de fer, au XIXe siècle, entraîna une diminution de l'emploi des chevaux, et l'élevage des Roadsters du Yorkshire péréclita. Mais la Société d'élevage du Hackney prit le relais, et les descendants des Roadsters, désormais appelés Hackneys, sont devenus d'excellents chevaux de loisir.
Le poney hackney a des origines voisines, car il fut lui aussi créé à partir de souches de Roadsters. Au début, les poneys portaient le nom d'un des éleveurs les plus connus, Christopher Wilson, mais, bientôt, l'appellation de poney hackney fut adoptée. Ce sont des répliques miniatures du cheval hackney qui accusent un type poney bien marqué.

Extérieur Le Hackney a un profil légèrement convexe, de petites oreilles, de grands yeux et un bout de nez fin. L'encolure est longue et bien dessinée, le corps compact. La queue est portée haut, la robe est soyeuse.

Taille Pour les poneys, jusqu'à 1,42 m. Pour les chevaux, au-dessus de 1,42 m.

Robe Baie, bai-brun, noire et alezane.

Personnalité Les Hackneys sont des chevaux pleins de sang, dont le trot est particulièrement spectaculaire. Les antérieurs sont relevés très haut, les pieds allant chercher le terrain loin en avant dans un mouvement circulaire. L'action est plus accusée encore chez les poneys hackneys, chez lesquels les genoux sont relevés au maximum, et les jarrets repliés au point que les membres postérieurs touchent parfois le ventre.
Du fait de leurs mouvements spectaculaires et de leur étonnante présence, les Hackneys sont très populaires dans tous les concours des pays anglo-saxons, notamment dans les épreuves d'attelage de loisir.

Ce poney hackney montre bien l'allure très relevée, caractéristique de la race.

Le « Spotted Pony »

Les "Spotted ponies" existent en Angleterre depuis le Moyen-Age, mais personne ne sait vraiment d'où ils viennent.
Pendant des siècles, ces poneys un peu lourds ont été utilisés dans diverses tâches quotidiennes. Ils servaient également de monture dans les combats en temps de guerre ainsi que dans les tournois. Les chevaux devenant de plus en plus populaires à partir du XVe siècle, le "Spotted pony" disparut progressivement. La race s'est cependant maintenue au Pays de Galles et dans le Sud-Ouest de l'Angleterre. Depuis le milieu du XIXè siècle, monté ou en attelage, ce joli poney pommelé est devenu un animal de loisir.
En 1946 a été fondée la "British Spotted Horse and Pony Society" pour enregistrer les plus beaux animaux et rendre la race officielle.
Aujourd'ui, ces animaux sont élevés pour les plaisirs de l'équitation, les concours, les courses, les compétitions.

EXTÉRIEUR
Généralement, les Spotted Pony ont une bonne et solide constitution. Leurs membres sont puissants.

TAILLE
Jusqu'à 1,44 m.

ROBE
La robe est tigrée le fond de la robe bien blanc.

PERSONNALITÉ
Les Spotted Pony ponies sont courageux. On peut compter sur leur caractère régulier.

Les Spotted Ponies sont souvent utilisés dans les courses d'attelage. Dans ce magnifique équipage, on peut remarquer que les poneys ont la robe tigrée, une des caractérisitique de leur race.

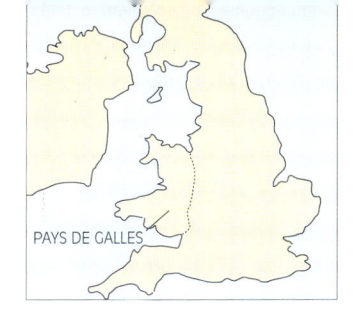

Le Welsh de type D

Cheval vif et musclé, le Welsh de type D — plus communément appelé Welsh Cob — est élevé en Grande-Bretagne depuis des siècles. Ses ancêtres sont des Andalous qui vivaient aux confins du pays de Galles au XIe siècle et qui furent croisés avec des Welsh Mountain Ponies pour produire le Welsh Cob. Ce cheval était très apprécié dans les exploitations agricoles galloises, situées en pays montagneux : il était suffisamment robuste pour tirer la charrette qui emmenait la famille du fermier à l'église le dimanche et assez docile pour être utilisé à la chasse. Sa très grande force en faisait également un cheval recherché par l'armée, qui payait très cher de bons étalons capables de tirer d'énormes canons en terrain accidenté. Le Welsh Cob se caractérise par son trot rapide. Ses allures relevées ont influencé de nombreuses races de trotteurs. On l'emploie aujourd'hui pour l'équitation et l'attelage, notamment dans les concours par équipes. Peu de races obtiennent d'aussi bons résultats en compétition internationale. Les concours de modèle réservés aux Welsh Cobs sont très populaires au pays de Galles.

Extérieur Le Welsh Cob a une petite tête à la physionomie éveillée et aux yeux vifs très écartés. L'encolure est longue et recouverte d'une crinière abondante, les épaules sont puissantes et la poitrine est profonde. Les jambes sont courtes mais vigoureuses, avec des touffes de poils soyeux au niveau des talons.

Taille De 1,40 m à 1,52 m.

Robe Toutes les couleurs, sauf pie-noir et pie-alezan.

Personnalité Le Welsh Cob est vif, courageux et extrêmement endurant. C'est l'un des meilleurs chevaux de selle et d'attelage du monde.

Le Welsh Cob est surtout connu aujourd'hui comme cheval d'attelage. Il brille notamment dans les compétitions par équipes.

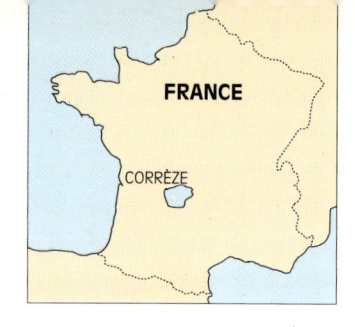

L'Anglo-Arabe

L'Anglo-Arabe est le résultat du croisement de deux races parmi les plus belles : l'Arabe et le pur-sang anglais. Les Haras Nationaux du centre et du sud de la France ont poussé l'élevage de l'Anglo-Arabe à sa perfection, notamment au haras de Pompadour (Corrèze).

Extérieur Il a hérité de l'Arabe une tête élégante, au front large et bombé, aux yeux alertes. Son profil est plus droit que celui de l'Arabe et s'achève par des naseaux très ouverts. L'encolure est longue, liée à des épaules fortes et bien dirigées. L'arrière-main est musclé. La queue est portée haut. Les membres sont forts, avec des avant-bras longs et de très bons pieds. L'Anglo-Arabe est doté d'allures souples et étendues.

Taille De 1,53 à 1,63 m.

Robe baie, alezane ou grise.

Personnalité C'est un cheval rapide, ardent et intelligent, très sensible, avec une forte personnalité. L'Anglo-Arabe a gagné de nombreuses compétitions sportives allant du jumping au dressage en passant par le concours complet.

Le Pur-Sang

ANGLETERRE — NEWMARKET

L'origine du Pur-Sang remonte au Moyen Âge. Depuis les croisades, les Anglais avaient coutume d'importer des chevaux — Barbes, Andalous et Arabes — pour affiner les races locales. Mais, lorsque les courses commencèrent à se développer, au XVIIe siècle, les anciens chevaux de tournois étaient encore petits et lourds. Les haras royaux décidèrent alors de créer une race mieux adaptée à la nouvelle passion nationale. On sélectionna les meilleures juments du royaume, qui furent fécondées par les trois étalons fondateurs de la race : Darley Arabian, Godolphin Arabian et Byerley Turk. Un quatrième géniteur, Wellesley Arabian, alors moins réputé, aurait aussi été utilisé. En 1791, le Stud-Book de la race Pur-Sang fut officiellement ouvert. Ce livre généalogique permit la sélection des meilleurs reproducteurs. Il est clos depuis la fin du XVIIIe siècle, la race se développant dans la plus étroite consanguinité, ce qui explique leur grande fragilité.

Extérieur La tête est légère, le profil rectiligne, les yeux vifs, les oreilles courtes et fines. L'encolure est longue, la poitrine profonde et le dos droit. Le rein est parfois voussé. La croupe est longue et horizontale, le ventre rentré. Le réseau veineux superficiel est saillant et le relief musculaire bien marqué, ce qui donne une impression de puissance. Le poil est luisant et ras.

Robe Toutes les couleurs sont admises, mais l'alezan et le bai sont les plus fréquentes.

Taille De 1,55 m à 1,65 m, les grands sujets (plus de 1,75 m) n'étant pas rares.

Personnalité Le Pur-Sang est courageux et vif. C'est aussi un cheval fantasque et ombrageux. Il faut beaucoup de souplesse et de patience au cavalier pour le contrôler.

Le Pur-Sang est aujourd'hui élevé partout dans le monde. Le Stud-Book est conservé à Newmarket, en Angleterre.

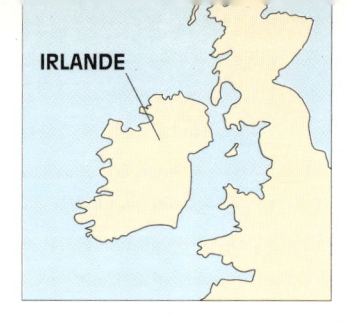

Le Trait irlandais

Le cheval de trait irlandais, apte à tous les services, existe depuis la fin du XVIIIe siècle. On pense que ses ancêtres ont été élevés dans la région du Connemara.
Le cheval de trait irlandais a été en vogue lorsqu'on recherchait des chevaux assez solides pour satisfaire aux travaux de la ferme et à ceux du bât, et qui soient suffisamment légers pour chasser et tirer la carriole familiale à un trot soutenu. Cet animal était aussi apprécié par l'armée parce que puissant et rapide, mais économique à entretenir.

Aujourd'hui, des poulinières Traits irlandais sont croisées avec des Pur-Sang pour produire des chevaux de chasse à courre parmi les meilleurs d'Irlande. On les utilise aussi pour produire des chevaux destinés à l'équitation, qui se classent parfois parmi les meilleurs chevaux de compétition du monde, spécialement en saut d'obstacles.

Extérieur La tête et l'encolure sont élégamment portées, les yeux bien placés, et les oreilles longues. Le dos est solide, et le passage de sangle profond. Les reins et l'arrière-main, légèrement avalés, sont puissants.

Taille Les étalons mesurent 1,65 m et plus, et les juments 1,55 m et plus.

Personnalité Les Traits irlandais sont des chevaux à sang froid, gentils, intelligents et de nature douce. Aujourd'hui, bien qu'ils ne soient plus recherchés pour effectuer des travaux, ils demeurent des animaux d'élevage de valeur, et beaucoup d'entre eux participent à des manifestations, à des chasses, à des épreuves d'obstacles. Quelques sujets de la race prennent part à des compétitions pour hunters ou de dressage. Les sociétés du Cheval de Trait irlandais, en Irlande et au Royaume Uni, ont leurs propres concours de modèles et allures.

Le Trait irlandais est valable pour la plupart des services. De nos jours, il est très prisé pour l'élevage.

Le Hunter

ROYAUME-UNI
IRLANDE

Un Hunter est un cheval de selle anglais ou irlandais élevé à l'origine pour la chasse à courre. Sa taille est variable, mais, même monté, il se déplace à vive allure et sur tous les types de terrain.
Les Hunters sont courageux et robustes. Ils tiennent ces qualités de races anglaises et irlandaises locales.
Les Hunters irlandais comptent parmi les meilleurs du monde. La campagne irlandaise convient parfaitement à leur élevage et à leur dressage. On y trouve de nombreuses haies et talus naturels qui permettent d'entraîner les jeunes chevaux à la chasse à courre et en font rapidement des sauteurs émérites.
Les Hunters irlandais constituent plus un type qu'une race proprement dite. Ils furent d'abord obtenus par croisement entre des juments lourdes irlandaises et des pur-sang. Ils ont également bénéficié d'un apport de sang de Connemaras. On classe les Hunters anglais et irlandais en trois catégories correspondant au poids qu'ils peuvent porter.
Poids léger : chevaux pouvant porter jusqu'à 79 kilos.
Poids moyen : chevaux pouvant porter entre 79 et 89 kilos.
Poids lourd : chevaux pouvant porter plus de 89 kilos.
Il existe aussi des Hunters réservés aux femmes. Ils doivent être capables de chasser à courre montés en amazone. Aujourd'hui, la plupart des chevaux de compétition irlandais appartiennent à la catégorie des Hunters poids moyens.

Extérieur Les Hunters irlandais sont forts et agiles. Ils ont pour la plupart une tête intelligente et un corps vigoureux.

Taille De 1,42 à 1,72 m.

Robe Toutes les couleurs de robe.

Personnalité Leur hérédité et leur entraînement précoce donnent aux Hunters irlandais beaucoup de courage et d'endurance. Ce sont des chevaux intelligents et polyvalents.

La plupart des chevaux de compétition irlandais sont issus de Hunters tels que Rockbarton. Exemple typique de cheval élevé en Irlande, Rockbarton est un sauteur intrépide.

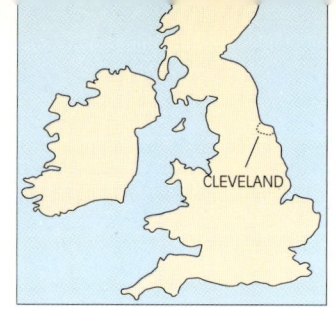

Le Cleveland Bay

Comme son nom l'indique, le « bai » de Cleveland est originaire de la région de Cleveland, au nord-est de l'Angleterre, où il était déjà élevé au XVIIe siècle. C'est l'une des plus anciennes races britanniques. Avant l'ère de la motorisation, ce cheval de voiture était très apprécié tant pour la parade que pour les humbles transports quotidiens et les travaux agricoles légers. Les chevaux de cette race furent même parfois utilisés pour le bât par les colporteurs et marchands ambulants, ce qui valut au Cleveland Bay le surnom de « chapman horse » (cheval de colporteur).

Le Cleveland Bay a été maintes fois amélioré par des croisements avec des pur-sang. Au XIXe siècle déjà, des apports de sang pur aboutirent à la production d'un carrossier plus léger, le Yorkshire Coach Horse, mieux adapté aux élégants équipages londoniens. Aujourd'hui encore, le Cleveland Bay est fréquemment croisé avec des pur-sang pour la production d'excellents chevaux de chasse, d'attelage et de saut d'obstacles.

Aspect Le Cleveland Bay est un cheval harmonieux et puissant. La tête, un peu forte, présente un profil légèrement convexe. Les yeux sont grands et expressifs. L'encolure est longue et bien greffée, la poitrine profonde, l'arrière-main bien développé et musclé. La queue est attachée haut.

Taille De 1,55 à 1,65 m au garrot.

Robe Obligatoirement baie (ce qui implique des crins et extrémités noirs). On note la présence fréquente de quelques crins gris dans la queue ou la crinière. Ils sont indésirables, de même que toute marque blanche (seule une discrète étoile en tête est admise).

Caractère Ce grand cheval, qui ne manque pas de sang, est cependant facile à dresser car il est intelligent, sensible et d'un naturel docile. Notons que le Cleveland Bay, vigoureux, vit fréquemment jusqu'à un âge avancé.

Le Cleveland Bay, originaire du nord-est de l'Angleterre, est l'une des races de chevaux d'attelage le plus appréciées. Ici, le duc d'Édimbourg mène avec maîtrise son équipage de Cleveland Bays, au cours d'une compétition d'attelage à quatre.

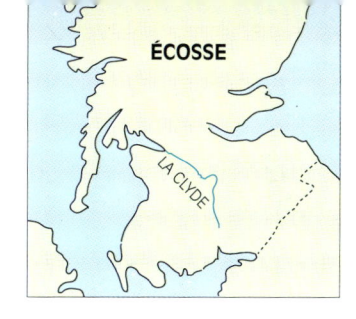

Le Clydesdale

Ces « doux géants » sont originaires de la vallée de la Clyde, dans le comté de Lanarkshire, en Écosse. Au milieu du XVIIIe siècle, les fermiers locaux les élevèrent comme chevaux de trait. Les juments du pays furent croisées avec des étalons flamands pour créer le Clydesdale que nous connaissons actuellement. Au début de la révolution industrielle au Royaume-Uni, alors que l'extraction de la houille connaissait un grand essor, la puissance du Clydesdale fut utilisée pour le transport du minerai. Du fait de l'amélioration de l'état des routes, les chevaux de bât furent remplacés par les chevaux de trait. Des modèles plus grands, plus puissants devinrent nécessaires : ses qualités firent du Clydesdale le cheval idéal.
Aujourd'hui, les Clydesdales sont populaires dans les concours et participent aux compétitions de labours. Ils ont aussi été croisés, avec des pur-sang pour produire des chevaux de selle lourds et des chevaux de chasse à courre.

Extérieur Le Clydesdale a une tête plate avec un profil droit, un bout de nez large et des naseaux bien ouverts. Les yeux sont vifs et les oreilles longues. Son encolure rouée est encadrée par des épaules obliques. Le garrot est bien sorti, et le dos est court et robuste. L'arrière-main et les postérieurs sont musclés. Le Clydesdale a des pieds évasés et ronds. Sa queue est attachée haut. Il a des poils longs et soyeux sur les jambes.

Taille Pour les étalons, 1,70 à 1,80 m ; pour les juments, 1,60 à 1,70 m.

Robe Brun, bai-brun et noir sont les couleurs les plus communes. Avec de grandes marques blanches sur les jambes, les genoux et les jarrets, la tête et, quelquefois, le corps.

Personnalité Le Clydesdale est d'un bon tempérament et facile à dresser. Son excellent caractère, associé à sa puissance, en fait un cheval de trait idéal.

Cette belle paire de Clydesdales participe à un concours de labours dans le sud de l'Angleterre. Les concurrents sont jugés sur leur aptitude à tracer des sillons droits, sur leur rendement et leur façon de faire demi-tour, mais aussi sur leur allure générale et sur la beauté de leur harnachement.

Le Suffolk

Le Suffolk — ou Suffolk Punch — est un superbe cheval lourd originaire du comté du Suffolk, dans le sud-est de l'Angleterre. Tous les Suffolks descendent d'un étalon né en 1760. La race a été soumise à des apports de trotteur du Norfolk, de Pur-Sang et de Cob gallois. Les Suffolks sont forts et courageux. On peut les faire travailler dès l'âge de deux ans et jusqu'à l'âge de vingt ans.

On voit souvent les Suffolks dans les concours d'attelage et de modèle, mais ils sont encore utilisés pour les travaux agricoles dans certaines régions d'Angleterre. On en croise certains avec des Arabes et des Pur-Sang pour produire des chevaux de selle lourds.

Extérieur La tête est grosse, avec un front large. L'encolure est épaisse, les épaules très musclées. La poitrine est profonde, l'arrière-main musclé. Les jambes sont courtes, mais fortes. Contrairement à la plupart des autres chevaux lourds, le Suffolk n'a pas de fanons abondants.

Taille Environ 1,60 m.

Robe Toutes les teintes d'alezan. Les marques blanches sur la tête sont acceptées.

Personnalité Les Suffolks, comme beaucoup de chevaux de trait, sont doux et courageux.

Les Suffolks sont encore utilisés comme chevaux de labour dans certaines régions d'Angleterre. Cette race est également très appréciée pour les concours de modèle (en médaillon).

Le Shire

ANGLETERRE

Originaire des comtés du centre de l'Angleterre (Leicestershire, Warwickshire, Lincolnshire et Northamptonshire), le Shire est le plus grand des chevaux lourds anglais.
Les origines de cette race superbe sont mal connues. On pense que le Shire est apparenté aux grands chevaux qui étaient déjà utilisés pour le transport et les travaux agricoles à la fin du XVIe siècle.

Les Shires rendaient de précieux services, car ils travaillaient dès l'âge de trois ans et pouvaient tirer des charges cinq fois plus lourdes qu'eux. Les machines modernes ont maintenant en grande partie remplacé les chevaux de labour. Bien qu'on les fasse encore travailler dans certaines régions, on les élève surtout aujourd'hui pour les concours d'attelage et de modèle.

Extérieur La tête est belle, avec un front large et un profil busqué. L'encolure est longue, arquée et greffée sur de fortes épaules. La poitrine est profonde, l'arrière-main arrondi et puissant. Les boulets sont recouverts de fanons épais et soyeux.

Taille 1,60 m ou plus pour les juments, 1,62 m ou plus pour les hongres, 1,70 m ou plus pour les étalons.

Robe Noire, brune, baie ou grise, avec beaucoup de blanc sur les pieds et les jambes.

Personnalité Les Shires sont doux et dociles.

Les Shires sont les plus grands chevaux lourds d'Angleterre. Aussi beaux que forts, ils sont très appréciés pour les concours (en médaillon).

IV

LA FRANCE ET LES PAYS-BAS

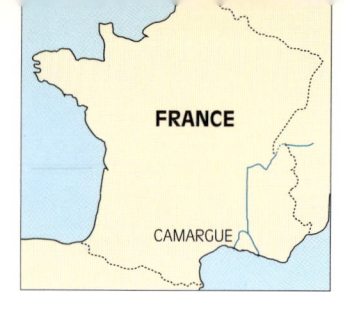

Le Camargue

Le Camargue est un petit cheval sauvage qui porte le nom de sa terre natale. Il s'agit d'une race ancienne qui vit en liberté dans les marécages du delta du Rhône depuis des siècles. Des individus sélectionnés sont capturés pour le dressage. Certains sont utilisés par les gardians camarguais pour travailler parmi les troupeaux de taureaux (les « manades »), d'autres pour les randonnées touristiques. La sûreté de leur pied dans les marécages est appréciée. Les chevaux camargues vivent en troupeaux. Ils sont aujourd'hui rassemblés régulièrement. Les éleveurs choisissent les meilleurs individus et les autres sont remis en liberté.

Apparence Les chevaux camargues sont rustiques. Ils ont la tête carrée, le front large et de grands yeux expressifs. Leurs oreilles sont très écartées l'une de l'autre. Ils ont la poitrine profonde, l'arrière-main puissant et le pied robuste. Leur robe est rêche, avec une crinière et une queue épaisses et longues.

Taille De 1,32 à 1,45 m.

Robe Les poulains camargues naissent avec une robe noire, brune ou gris foncé qui s'éclaircit ensuite pour devenir gris pâle à l'âge adulte.

Personnalité À cause de la rudesse de leurs conditions de vie, les Camargues sont vigoureux et résistants. Ils vivent d'herbes sauvages et d'eau saumâtre. Une fois capturés et dressés, ils font d'excellentes montures. Animaux robustes, ils ont une grande longévité.

Chevaux camargues dans leur milieu naturel, les marécages du delta du Rhône.

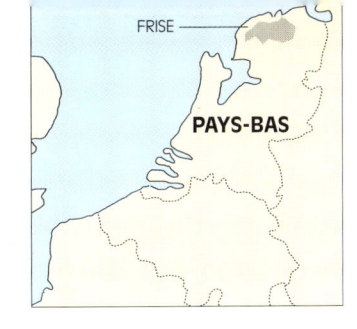

Le Frison

Le Frison vient de la région de la Frise, aux Pays-Bas. C'est une des plus anciennes races d'Europe. Aux XVIIIe et XIXe siècles, le Frison était utilisé pour les travaux agricoles. Son trot rapide le faisait aussi apprécier pour les transports et les courses de trot. Dans le but d'affiner le Frison, on le croisa avec des trotteurs. Il devint alors trop léger pour les travaux de ferme, et les effectifs de la race diminuèrent. Toutefois, cette belle race, qui revient à la mode, est aujourd'hui appréciée pour l'attelage.

Extérieur L'encolure, portée haut, est bien dessinée. La tête est noble. Les oreilles sont courtes. Le dos et les épaules sont robustes, la croupe arrondie. Les membres sont solides, et les fanons abondants.

Taille De 1,60 à 1,65 m.

Robe Noire. Une petite marque en tête, discrète, est tolérée.

Caractère Le Frison est d'un tempérament doux et particulièrement facile à dresser.

Le Frison hollandais est un cheval d'attelage très apprécié pour son allure élégante et son trot relevé.

Le Trotteur français

Le Trotteur français a d'abord été élevé en Nomandie, au cours du XIXe siècle. Il a pour origine le Pur-Sang anglais et le Trotteur Norfolk, qui ont pour principales qualités leur vitesse et leur aptitude au trot. Ils furent accouplés à des juments originaires de Normandie pour produire la race anglo-normande qui est devenue par la suite le cheval de Selle Français et le Trotteur français. Au XXe siècle, les deux races ont été séparées.

Le Stud Book du Trotteur français a été ouvert en 1906. Il a été fermé en 1940 à tous les chevaux dont les parents n'avaient pas déjà été enregistrés. En France, la première course de trot eut lieu en 1836, à Cherbourg. Et, aujourd'hui, le Trotteur français est élevé dans tout l'hexagone.

EXTÉRIEUR
Les Trotteurs français peuvent avoir quelques variations de type. Mais ils ont tous la même constitution. Le corps est profond, le dos solide, bien musclé tout comme les épaules, l'arrière-train tombant. Les jambes sont longues et résistantes.

TAILLE
Jusqu'à 1,62 m.

ROBE
En général de couleur alezan, bai et marron. Mais on peut également trouver des Trotteurs français gris et rouans.

PERSONNALITÉ
Ces chevaux robustes et élégants ont une grande résistance. Leur courage et leur volonté en font d'admirables trotteurs, aussi bien en selle qu'à l'attelage. Le Trotteur français est capable de sauter et de participer à tous les genres de courses.

L'élégant Trotteur français est originaire de Normandie. C'est un cheval qui remporte de nombreux succès dans les courses à attelage.

Le Selle français

L'appellation Selle français remplace, depuis 1958, celle de Demi-Sang qui désignait les chevaux issus des différents terroirs du pays. On distinguait ainsi les Demi-Sang limousins, anglo-normands, vendéens, charentais, angevins, mâconnais, etc. Ces races de souche étaient relativement homogènes. Le Selle français est très prisé pour toutes les formes d'équitation. C'est un excellent cheval de sport qui réussit très bien en concours hippique, mais aussi en complet, en dressage et en attelage. Certains sujets très près du sang sont sélectionnés pour les courses d'AQPS (réservées aux chevaux dits autres que Pur-Sang) et réussissent particulièrement bien en steeple.

Extérieur Le type le plus répandu est le Selle français de Normandie. La tête est belle, l'encolure bien sortie. L'épaule est oblique, la poitrine profonde.

Taille De 1,58 à 1,70 m.

Robe L'alezan est le plus répandu, mais toutes les robes classiques sont admises.

Personnalité Le Selle français est intelligent et d'une nature assez équilibrée.

Le Selle français est un Demi-Sang issu de souches diverses. Il constitue un excellent cheval pour toutes les formes d'équitation et est très prisé pour la compétition de haut niveau.

Le Demi-Sang Néerlandais

C'est une race moderne créée aux Pays-Bas dans les années soixante pour répondre à une forte demande de chevaux de sport.
Les juments utilisées pour l'élaboration de la race étaient de souche Groningen (cheval de trait) et Gelderland (chevaux de trait et de sport). Ces juments furent croisées avec des pur-sang, des Anglo-Arabes et des pur-sang Arabes.
De nos jours, des étalons lipizzans sont également utilisés.
La Société du Demi-Sang néerlandais (ou « néerlandais à sang chaud ») a établi des règles d'élevage très strictes, et les étalons sont soigneusement sélectionnés. La société d'élevage regroupe en réalité plusieurs types de chevaux différents.
Les chevaux de sport sont dotés de bonnes allures et d'une excellente conformation. D'un tempérament stable, ils sont adaptés à la plupart des sports équestres — concours hippique, dressage, concours complet.
Les chevaux employés aussi bien pour la selle que pour l'attelage sont un peu plus lourds.
Les chevaux de selle sont utilisés pour l'équitation courante.
Les chevaux d'attelage sont élégants et ont des allures relevées.
Les chevaux de type lipizzan sont également utilisés tant pour la selle que pour l'attelage.

Conformation Globalement, les Demi-Sang Néerlandais sont musclés et athlétiques.

Taille De 1,65 à 1,75 m.

Robe La plupart des robes sont admises, excepté le pie.

Caractère Ce sont des chevaux de bon tempérament, gentils et dociles. Les Demi-Sang Néerlandais sont exportés dans le monde entier comme chevaux de sport. Limandus, monté par Otto Hofer, a représenté la Suisse aux Jeux olympiques de 1984, en dressage. Calypso, monté par Melanie Smith, a représenté les États-Unis à Hickstead (Grande-Bretagne) en 1982.

Ci-contre : un Demi-Sang Néerlandais dans un concours d'attelage.

En bas à gauche : le cheval de concours hippique Calypso, à Hickstead en 1982

Ci-dessous : Limandus, au cours de la reprise de dressage aux Jeux olympiques de 1984.

Le Gelderland

Cette race élégante tient son nom de la région des Pays-Bas d'où elle est originaire. Les juments du pays furent saillies par des étalons d'autres pays, tels que la France, l'Allemagne et l'Angleterre, pour produire des chevaux de service. Vers 1960, les Gelderlands eurent une grande importance dans la création du Demi-Sang hollandais, race de chevaux de sport très prisée. Avec les Groningens, les Gelderlands en étaient le principal cheptel fondateur. Aujourd'hui, les Gelderlands sont aussi recherchés pour la compétition d'attelage.

Modèle Tête ordinaire, au chanfrein droit ou parfois camus. Les épaules et le corps sont très développés, puissants. La ligne de croupe descend doucement, la queue est portée haute. Les jambes sont relativement courtes, mais solides.

Taille De 1,50 m à 1,60 m.

Couleur La robe est habituellement alezane, avec des marques blanches en tête et sur les jambes. On peut aussi trouver des sujets bais, gris et parfois pie.

Caractère Les Gelderlands sont une combinaison idéale de docilité et de puissance physique. Ils sont toujours recherchés, bien qu'ils n'aient plus d'utilité en tant que chevaux de travail. Pleins de panache, ils sont idéaux pour les manifestations et pour être menés attelés.

Les Gelderlands furent élevés au départ comme chevaux de trait et pour satisfaire aux besoins des transports. De nos jours, ils travaillent au trait léger.

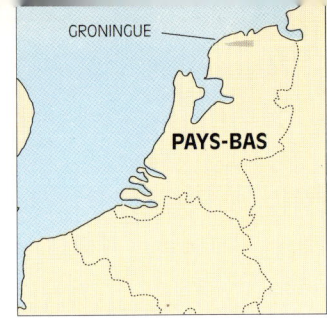

Le Groningue

Le Groningue est originaire de la province du nord des Pays-Bas dont il porte le nom. C'est un cheval de sang puissant qui fut d'abord utilisé pour les travaux agricoles. Il a pour ancêtres le Frison néerlandais et le cheval d'Oldenburg allemand. Au XIXe siècle, on donna du poids et de la puissance au Groningue en effectuant des croisements avec le Suffolk Punch. Lorsque les machines commencèrent à remplacer les chevaux, cependant, les Groningues furent croisés avec des races plus légères afin d'élargir leur utilisation. Ce type devint un excellent cheval de selle, mais sa rapidité et son élégance en firent également un cheval d'attelage réputé. Le Groningue, ainsi que son voisin le Gelderland, joua un rôle important dans la formation de la famille du cheval de sang néerlandais au cours des années soixante. Les autorités néerlandaises ont pris des mesures afin d'assurer l'avenir de la race et, aujourd'hui, les Groningues sont des chevaux de selle et d'attelage particulièrement appréciés.

Extérieur Le Groningue a une tête longue et droite, de grandes oreilles, des épaules puissantes, un dos musclé et un arrière-main fort. Il se caractérise par sa croupe horizontale et sa queue haute. Ses jambes sont courtes, mais vigoureuses.

Taille De 1,52 à 1,60 m.

Robe Noire, baie et marron foncé.

Caractère Le Groningue est connu pour son obéissance et sa docilité. Ces qualités, alliées à beaucoup de force et d'endurance, en font un cheval dont la popularité ne se dément jamais.

Cheval de sang, le Groningue était à l'origine utilisé pour les travaux agricoles. Il porte le nom de la province néerlandaise dont il est issu.

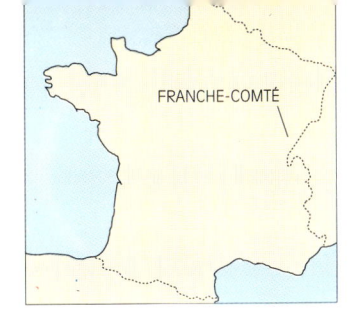

Le Comtois

Le Comtois est un cheval de trait, léger mais résistant. Il est originaire des montagnes du Jura, entre la France et la Suisse.
On pense que cette race de type cob existe depuis le VI siècle. Au XVI siècle, le Comtois était réputé comme cheval de cavalerie et d'artillerie. Il fut utilisé durant le règne de Louis XIV et lors des campagnes napoléoniennes.
De nos jours, le Comtois est apprécié des agriculteurs, surtout en terrains accidentés car il est adapté aux régions montagneuses. C'est un cheval au pied sûr. Les agriculteurs l'utilisent pour le transport et pour l'exploitation de la vigne.

On attelle également des Comtois aux traîneaux des stations de ski et certains servent de chevaux de selle. Des croisements avec des pur-sang sont effectués pour produire des selles plus grands et plus forts.
Au XX siècle, la race comtoise est toujours appréciée, notamment dans les régions de France où la mécanisation n'a pas encore complètement éliminé l'usage du cheval. On trouve aussi des Comtois en Afrique du Nord.

Extérieur Une tête volumineuse, avec des yeux vifs et de petites oreilles. L'encolure, droite, prolonge un corps trapu et puissant, à la poitrine profonde. Le dos est long et droit. Les membres sont courts et forts — avec des fanons peu fournis — et l'arrière-main musclé. La crinière et la queue sont toutes deux épaisses.

Taille De 1,52 à 1,65 m au garrot.

Robe Différentes nuances d'alezan, jusqu'à l'alezan foncé ou le bai. Contrastant avec les poils, les crins sont « lavés » (jaune ou crème).

Caractère Les Comtois sont robustes et vivent vieux. Ils sont de bonne composition, faciles à dresser et travailleurs. Leur force et leur allure rapide et légère en firent les montures idéales pour la cavalerie française.

Le berceau de race du Comtois se situe dans les montagnes du Jura, en Franche-Comté. Cette jument porte la robe caractéristique alezane, à crins lavés.

Le Freiberger

Cette race suisse, connue à l'origine sous le nom de Franche-Montagne, se compose de chevaux moyens à légers utilisés pour les travaux agricoles et l'attelage. Énergiques et assurés, les Freibergers rendent encore aujourd'hui de grands services aux paysans qui possèdent des terres sur les pentes du Jura. Ils sont également appréciés dans l'artillerie et pour l'équitation. On croise souvent les Freibergers avec des Pur-Sang arabes pour améliorer et alléger la race.

Apparence Le Freiberger a une tête petite et un corps trapu, de type cob. Ses jambes, courtes, portent un petit fanon.

Taille De 1,50 à 1,60 cm.

Robe Presque toutes les couleurs unies.

Personnalité À la fois vigoureux, endurants, intelligents et dociles, ces chevaux sont adaptés aux travaux pour lesquels les paysans suisses les utilisent.

Le Freiberger rend de précieux services aux paysans de la montagne et aux régiments d'artillerie de l'armée suisse.

Le Breton

La Bretagne, située dans le nord-ouest de la France, est le pays d'origine du Breton. Cette race fut longtemps appréciée des agriculteurs pour les travaux des champs.
Il existe trois types différents de Breton.
Le plus gros des trois est le Trait breton, élevé dans les régions agricoles situées le long du littoral nord. Ses ancêtres étaient des chevaux massifs parfaitement adaptés aux gros travaux de la ferme et au transport des marchandises. Le Postier breton est plus fin car il a des ancêtres « à sang chaud ». Issu du centre de la Bretagne, il fait un bon cheval d'attelage et est capable de petits travaux agricoles.
Le cheval de Corlay, qui est maintenant extrêmement rare, est le plus léger des trois. Dans le passé, ses ancêtres faisaient d'élégants chevaux d'attelage et étaient aussi très populaires comme chevaux de selle.

Extérieur En général, le Breton a une tête large et droite (camuse), des yeux brillants et de petites oreilles. L'encolure est courte et forte, et les épaules sont inclinées. Le Breton a un dos et des membres courts et robustes, lui donnant une grande puissance. Il a les poils légèrement plus touffus en arrière des boulets.

Taille Les différents types de Breton ont une taille comprise entre 1,45 et 1,65 m.

Robe La robe la plus typique est le rouan vineux ou le rouan bleu, mais on en trouve également alezan ou bai.

Personnalité Le Postier breton est vif et d'un bon tempérament, courageux au travail. Le Trait breton, comme tous les chevaux à sang froid, est adapté aux travaux requérant de la puissance et de la résistance.

Ce Trait breton est un bon exemple de la race, avec son corps compact et bien musclé, adapté aux travaux de force.

Le Trait hollandais

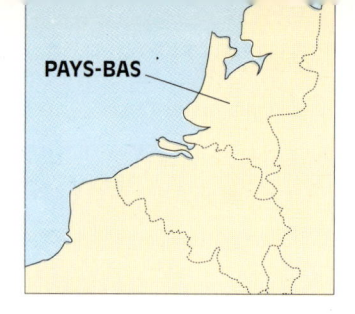

Le Trait hollandais est une race relativement récente, originaire des Pays-Bas et datant d'environ cent ans. Cette race fut développée par croisement de races belges — principalement des Ardennais et des Brabants — avec des chevaux hollandais indigènes.
En 1914 fut constituée la Société royale des chevaux de Trait hollandais qui, en 1925, imposa des règles strictes pour conserver une race pure.
Les Traits hollandais furent élevés en vue d'effectuer tous les travaux agricoles possibles. Ils peuvent commencer à travailler vers l'âge de deux ans, et leur vie de travail s'étend sur de nombreuses années. De nos jours, ils sont très appréciés dans les concours agricoles et pour la reproduction.

Extérieur Le Trait hollandais a une petite tête avec une face droite et des oreilles courtes. Son encolure et ses épaules sont épaisses et musclées. Son dos est robuste, et son corps est trapu. Son arrière-main et ses jambes sont extrêmement puissants. Sa queue est attachée bas.

Taille 1,65 m.

Robe Alezan, bai, gris, rouan et noir.

Personnalité Le Trait hollandais est un animal docile. Son calme et sa résistance en font un excellent travailleur.

La croupe inclinée brusquement est l'une des caractéristiques de la race.

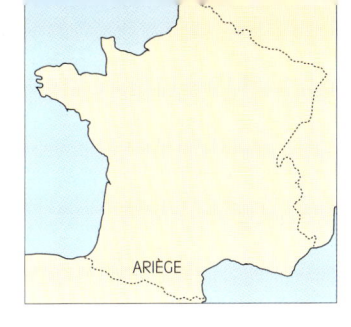

L'Ariégeois

Originaire du haut comté de Foix, le petit cheval ariégeois, appelé aussi poney de Mérens, est connu de longue date. La race, menacée d'extinction, ne comptait plus que quelques étalons vivant en semi-liberté dans les montagnes pyrénéennes. Le cheptel a été peu à peu reconstitué, et la vogue actuelle du poney a rendu à ce petit cheval autochtone ses lettres de noblesse. Il est apprécié pour l'attelage et la selle (très robuste, il peut être monté par des adultes), et est recherché pour le tourisme équestre, pour lequel sa sûreté de pied de montagnard et son caractère stable font merveille.

Extérieur Tête expressive aux oreilles courtes et bien plantées. Membres solides aux fanons abondants. Dos un peu long. Bonne épaule. Crinière et queue fournies.

Taille De 1,32 à 1,48 m.

Robe Baie brune uniquement. Les balzanes ne sont pas admises. En outre, toute marque blanche en tête doit rester l'exception.

Caractère Docile et doux, courageux au travail et le plus souvent très calme.

Les troupeaux de Mérens sont laissés à l'estive durant la belle saison et vivent alors en semi-liberté durant plusieurs mois.

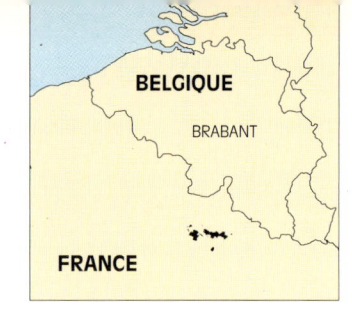

Le Brabant

Le Brabant (aussi appelé Brabançon ou encore Grand Belge ou Belge) est un cheval magnifique qui tient son nom d'une région du centre de la Belgique, où il s'est reproduit en premier. C'est sur cette terre fertile que ces chevaux ont trouvé de riches pâturages. L'origine du Brabant est antérieure au XIe siècle, et l'on pense qu'il ressemble à une race de chevaux de guerre du Moyen Age.
En raison de sa grande force, la race fut fort prisée comme animal de trait. Elle est encore appréciée en Amérique du Nord. Le Brabant a été exporté partout dans le monde pour la reproduction et le croisement afin d'améliorer la qualité d'autres types de chevaux lourds.

Extérieur Le Brabant est grand, musclé et généreux. La tête est légèrement carrée et petite en proportion de la taille du corps. Il a une encolure très forte et des épaules et un arrière-main massifs. Le dos est court, la poitrine est large et profonde. Les jambes sont robustes, avec une abondance de poils touffus au niveau du paturon.

Taille De 1,60 m à 1,75 m.

Robe Habituellement rouan vineux ou alezan avec des points noirs, occasionnellement bai, brun, gris louvet.

Personnalité Le Brabant est un cheval au bon caractère, au tempérament agréable et courageux au travail. Comme pour de nombreux autres animaux de trait, la demande pour le Brabant a sensiblement diminué aujourd'hui au profit de machines modernes, plus faciles d'emploi.

La riche prairie du Brabant, au centre de la Belgique, a joué un rôle important dans la production de ce cheval à la puissante musculature.

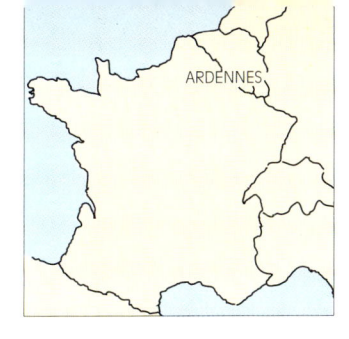

L'Ardennais

La race ardennaise est une très ancienne race de chevaux lourds. Animal volontaire et puissant, immensément fort, l'Ardennais est apte à tous les travaux de trait. De nos jours, la demande, dans ce domaine, est quasi inexistante du fait de la mécanisation. L'Ardennais reste cependant populaire dans sa région natale, et beaucoup de fermiers en conservent par affection.
Les Haras nationaux veillent aussi à la préservation de la race. Son berceau d'origine, les Ardennes, s'étend de chaque côté de la frontière franco-belge. Il existe aussi un Ardennais suédois, fruit du croisement entre la race d'origine et celle dite suédoise du Nord. Cette dernière est plus légère et donne ce que l'on appelle des chevaux de trait légers. L'Ardennais suédois est très proche de ses ancêtres français et belges, mais il possède la petite taille du Suédois du Nord. On pense qu'il descend des chevaux de guerre du Moyen Age. Les campagnes napoléoniennes en consommèrent beaucoup, et, jusqu'à la dernière guerre, ces chevaux tiraient les trains d'artillerie et les pièces d'artillerie hippomobiles (le célèbre 155 Debange attelé à huit).

Extérieur Une face large aux yeux expressifs. Des naseaux très ouverts et des oreilles dressées. L'encolure est épaisse, et la poitrine développée. Les postérieurs sont puissants, et l'ensemble du corps massif et compact. Les jambes sont petites, mais musclées et bien charpentées.

Taille de 1,50 à 1,60 m.

Robe Rouanne, grise, baie.

Personnalité Ce sont des chevaux très endurants. Ils peuvent travailler en ne recevant que peu de nourriture et dans des conditions climatiques difficiles. Bien que très puissants, ils sont exceptionnellement gentils et faciles à manier.

L'Ardennais est un cheval de trait idéal. Il vient des Ardennes, région frontalière entre la France et la Belgique.

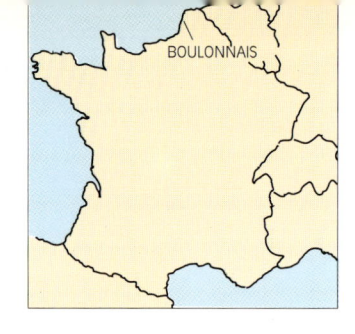

Le Boulonnais

Originaire du nord-ouest de la France, plus précisément de la région de Boulogne, le Boulonnais est un superbe cheval de trait. Parmi les races lourdes, il mérite une place à part, que lui valent ses lignes harmonieuses, son élégance naturelle et une relative aptitude à la vitesse. Qualités héritées de lointains croisements avec du sang oriental — arabe et barbe — et contrastant avec sa silhouette massive, sa taille élevée et son gabarit impressionnant. Avant l'ère du moteur, le Boulonnais était utilisé pour la traction chaque fois qu'était nécessaire un cheval alliant puissance et vitesse. On l'employait particulièrement pour le transport du poisson de la côte vers Paris : les juments boulonnaises, dites mareyeuses, acheminaient en un temps record les lourdes voitures chargées de poissons et de glace.

Apparence Le Boulonnais fait partie des chevaux de trait de grande taille. La poitrine est profonde, le dos large. La tête est courte (brachycéphale), avec un profil droit. Le front est plat, les yeux grands et éveillés. Comme ses ancêtres orientaux, le Boulonnais a une robe soyeuse. Sa crinière est épaisse.

Taille de 1,60 à 1,70 m au garrot.

Poids de 700 kg à une tonne et parfois davantage.

Caractère Bien que lourd, le Boulonnais a un tempérament gai et vivant, et son caractère reste excellent.
Dans certaines régions, des Boulonnais sont encore utilisés de nos jours pour les travaux des champs. Mais les véhicules agricoles modernes et les moyens de transport actuels font de ce spectacle magnifique une exception rarissime ! Les haras nationaux français assurent heureusement la conservation de cette très belle race équine. De nombreux Boulonnais sont exportés dans le monde entier.

Le Boulonnais est un cheval de trait docile et animé d'une grande puissance. Sa robe est grise ou gris pommelé. Elle peut parfois être rouan.

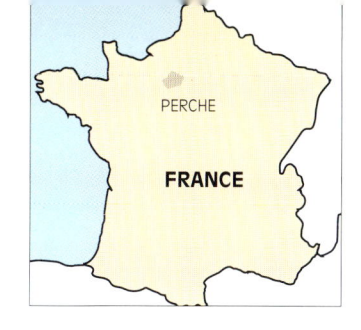

Le Percheron

Le Percheron est populaire dans toute l'Europe, aux États-Unis et dans de nombreux autres pays du monde. Son berceau est le Perche, région du nord-ouest de la France.
Les ancêtres de la race sont les chevaux de travail français et belges. Les Percherons doivent leurs qualités — inhabituelles chez les chevaux lourds — aux sujets arabes, avec lesquels ils ont été croisés dès le Moyen Âge (900 – 1200).

De nos jours, les Percherons sont souvent utilisés pour les travaux des champs et, parce qu'ils ont de solides sabots, on les emploie aussi pour le transport sur route. Ces animaux puissants, élégants, ont contribué à la fondation d'autres races.

Extérieur La tête du Percheron est large au niveau des yeux. L'encolure est longue et épaisse, au-dessus d'une imposante poitrine et de vigoureuses épaules. Le corps est compact, et l'arrière-main puissamment musclé. Les jambes sont courtes, mais fortes.

Taille Les juments mesurent 1,65 m et au-delà, et les étalons jamais moins de 1,68 m.

Robe Grise ou noire.

Caractère Fort dociles, les Percherons sont faciles à manœuvrer. Ce sont d'appréciables travailleurs qui allient la puissance à la vivacité.

Le Percheron est un charmant géant, et l'un des plus élégants des chevaux lourds. De nos jours, on peut encore en voir qui prennent part aux travaux des champs (encadré).

V

L'ALLEMAGNE, L'AUTRICHE ET LA SUISSE

Le Poney de Dulmen

Le poney sauvage de Dulmen que l'on appelle également le cheval sauvage de Dulmen est la dernière espèce de poney d'origine exclusivement allemande. On a retrouvé sa trace dans des documents datant de 1316.
Il est aujourd'hui élévé dans un grand domaine, Merfelder Bruch, situé près de la ville de Dulmen dans la région de Westphalie, au nord de l'Allemagne. 200 animaux environ y vivent à l'état presque sauvage.

Une fois par ans, les chevaux sont regroupés pour une mise aux enchères des poulains. Ce événement attire des milliers de visiteurs. Quand il a atteint l'âge adulte, le poney de Dulmen est utlisé pour des promenades pour les enfants.

EXTÉRIEUR
La tête bien droite repose sur un cou relativement court qui s'élargit sur un torse ample. Le garot n'est pas très prononcé et se confond avec le dos qui est de longueur moyenne. Ce poney robuste a des jambes vigoureuses qui se prolongent par des petits sabots.

TAILLE
De 1,20 m à 1,25 m.

ROBE
En général, la robe est brune avec une bande plus foncée le long de la colonne vertébrale et une autre le long des jambes. D'autres peuvent être de couleur marron-noir avec un ventre plus clair et des poils blanchâtre autour du museau.

PERSONNALITÉ
Ce poney timide, à moitié sauvage, peut devenir le plus adorable des animaux si on le traite bien. Il accepte alors volontiers d'être transformé en cheval de selle.

Le poney de Dulmen galope avec bonheur dans les plaines verdoyantes de Dulmen, au nord de l'Allemagne. Celui que l'on voit au premier plan a une robe brune, la couleur habituelle de la race.

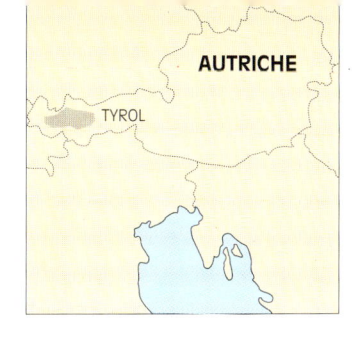

Le Haflinger

Le Haflinger est originaire des montagnes du Tyrol, en Autriche. Il a pour ancêtres des poneys de cette région qui furent croisés avec des Arabes. Son ascendance tyrolienne lui vaut d'être robuste et d'avoir le pied sûr, qualité appréciée chez un poney de montagne, tandis que, de l'Arabe, il a hérité l'élégance.
Le Haflinger fut d'abord utilisé comme cheval de bât et de trait léger. Aujourd'hui, il est surtout employé pour emmener les touristes en randonnée. Les étalons et les juments inscrits dans le stud-book de cette race sont, par tradition, marqués d'un « H » inscrit dans un edelweiss, fleur nationale autrichienne.

Extérieur Le Haflinger a une tête légèrement concave, de grands yeux et de petites oreilles. C'est un poney à la charpente puissante : poitrine et corps profonds, dos long et large, jambes vigoureuses. Sa crinière et sa queue sont fournies.

Taille Juments : de 13,1 1/4 à 14,2 paumes. Étalons : de 13,3 à 14,2 3/4 paumes.

Robe Toutes les nuances d'alezan, avec une crinière et une queue blanches ou jaune clair. Les taches blanches sont autorisées.

Personnalité Les Haflingers sont courageux, doux et dociles. Ils ont une grande longévité.

Photographiés ici dans leurs montagnes natales, les Haflingers sont réputés avoir le pied sûr. Animaux robustes, ils ont tout de même gardé les lignes gracieuses de leurs ancêtres arabes.

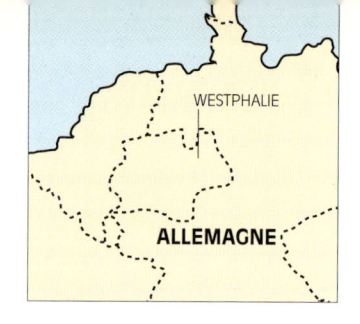

Le Westphalien

Comme la plupart des autres races allemandes de Demi-Sang, le Westphalien doit son nom à sa région d'origine, la Westphalie.
Pour être inscrit au stud-book de la race, le cheval doit être né dans le terroir même et être issu d'une jument enregistrée. La race était très appréciée au XVIIIe et au XIXe siècle, car elle servait de remonte à l'armée. Dès 1826 se créait l'Association des éleveurs de Westphaliens. Au XXe siècle, un apport de sang hanovrien contribua à faire du Westphalien un cheval de sport. Aujourd'hui, on l'utilise pour le concours hippique, le dressage, le concours complet, l'attelage et l'équitation de loisirs.

Extérieur Le Westphalien est un peu plus lourd que le Hanovrien. Il possède une tête expressive au front large. L'encolure est bien dessinée et greffée sur un poitrail large et profond. L'arrière-main est puissant bien que la croupe soit parfois un peu plate.

Taille De 1,58 m à 1,70 m.

Robe Toutes les robes unies.

Personnalité Le Westphalien est intelligent et calme.

Autrefois utilisé pour les travaux agricoles, le Westphalien est devenu l'un des meilleurs chevaux de sport du monde.

Le Trakehner

Le Trakehner doit son nom au haras de Trakehnen en Prusse orientale (qui correspond aujourd'hui à une partie de la Pologne). La race fut créée en 1732 par le roi Frédéric Ier de Prusse, grand amateur de chevaux. Les chevaux autochtones Schweiken furent croisés avec des Pur-Sang arabes et des Pur-Sang. Leurs descendants étaient débourrés à trois ans et testés à la chasse à quatre ans.
On gardait les meilleurs chevaux pour l'élevage au haras de Trakehnen même, les autres étant envoyés dans des haras privés ou d'État. Les sujets qui ne corrrespondaient pas au standard et ne répondaient pas aux qualités requises étaient employés pour la remonte de l'armée prussienne — les mâles étant castrés au préalable.

Durant la Seconde Guerre mondiale, le haras de Trakehnen fut détruit. Heureusement, de nombreux chevaux purent être évacués vers l'Allemagne de l'Ouest.

Extérieur Proche du Pur-Sang, le Trakehner a un front large et un bout de nez étroit. L'encolure est longue, l'épaule bien oblique et la croupe assez horizontale.

Taille De 1,60 m à 1,70 m.

Robe Les robes classiques, le plus souvent foncées.

Personnalité Le Trakehner est un cheval très près du sang, vif, mais franc et de bon caractère.

Le Trakehner convient aux sports équestres de haut niveau : concours hippique, dressage et complet.

Le Hanovrien

Le Demi-Sang hanovrien constitue l'une des races les plus connues et les plus remarquables produites par l'Allemagne. Il est issu des grands chevaux de guerre du Moyen Âge, et la race hanovrienne fut tout d'abord développée pour fournir des chevaux de cavalerie. Les rois d'Angleterre portèrent grand intérêt au cheval hanovrien, en particulier George II qui fonda, en 1735, le premier haras national en Allemagne. Il y envoya des Pur-Sang anglais, des carrossiers du Yorkshire et des Cleveland Bays dans le but d'améliorer les chevaux autochtones. Ces croisements firent du Hanovrien un excellent cheval d'attelage.

Après la Deuxième Guerre mondiale, on rechercha des chevaux de sport et de loisirs. Les Hanovriens furent encore allégés par des croisements avec des pur-sang, des Pur-Sang arabes et des Trakehners. Aujourd'hui, le Hanovrien est l'un des meilleurs chevaux de sport du monde, tant pour l'obstacle que pour le dressage.

Extérieur Il existe une grande variété de tailles et de types au sein de la race, mais en général le Hanovrien a un profil rectiligne, des épaules solides, une poitrine profonde. L'arrière-main et les membres sont solides et bien conformés.

Taille De 1,60 à 1,70 m.

Robe La plupart des robes classiques.

Personnalité Ces chevaux athlétiques sont intelligents et calmes. Ils sont faciles à discipliner et ont des allures spectaculaires. Ils excellent en dressage et en saut d'obstacles, et sont également très recherchés pour l'attelage et toute forme d'équitation. Ceux qui possèdent beaucoup de sang pur constituent des montures de concours complet résistantes et pleines de fougue.

D'excellente conformation, le Hanovrien est performant dans toutes les disciplines d'équitation sportive. C'est une des races allemandes de chevaux de sport les plus recherchées.

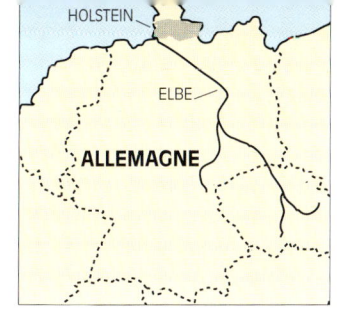

Le Holstein

On pense que les Holsteins constituent la race la plus ancienne d'Allemagne. Ils furent d'abord élevés sur les belles prairies des rives de l'Elbe, dans la région du Holstein, au nord du pays.
Au Moyen Âge, le Holstein était un cheval lourd, apprécié comme monture de guerre. Plus tard, entre le XVIe et le XVIIIe siècle, cette race robuste fut très prisée à travers toute l'Europe, et bien des sujets furent exportés.
Comme le Hanovrien, le Holstein fut amélioré par des croisements avec des chevaux anglais, dont le Trait du Yorkshire. Il fut alors adapté à l'attelage et aux travaux de la ferme, et fut utilisé par l'armée. Après la Seconde Guerre mondiale, la demande en chevaux de travail diminua, et le Holstein fut considéré comme trop lourd pour la plupart des services. En conséquence, le cheptel diminua. Cependant, on procéda à des croisements avec des pur-sang pour alléger la race. Aujourd'hui, elle est performante en saut d'obstacles, en concours complet, en dressage et en attelage.

Extérieur Posée sur une longue encolure, la tête est élégante. Le dos et l'arrière-main sont bien dessinés, et les membres robustes.

Taille De 1,60 à 1,70 m.

Robe Ordinairement baie, brune ou noire, mais peut être de toutes les couleurs unies.

Personnalité Les Holsteins sont puissants et bien trempés. Vifs d'esprit, ils sont aussi d'un naturel accommodant. Le cheptel de Holstein est peu nombreux, comparé à celui des autres races allemandes. Mais ces chevaux sont de grande valeur, et prisés pour la pratique des sports modernes.

On a allégé les Holsteins par rapport à leur modèle d'origine pour en faire des chevaux de sport performants. Beaucoup sont parvenus au niveau olympique.

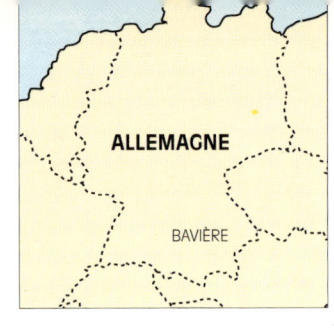

Le Bavarois

ALLEMAGNE — BAVIÈRE

C'est un cheval de sport qui trouve ses origines parmi les plus anciennes races allemandes. Il fut d'abord élevé dans la région sud de la basse Bavière (ex-RFA). On lui trouve également des origines dans la vallée du Rott, dans le sud de l'Allemagne, région d'élevage du Rottaler, véritable ancêtre du Bavarois. Le Rottaler fut d'abord utilisé pour la guerre. Plus tard, et en raison de son exceptionnelle robustesse, il fut employé comme cheval de trait. Au XVe siècle, on peut considérer que la race est bien stabilisée. Plus récemment, on a adapté le Rottaler aux exigences de l'époque en procédant à des croisements. Aujourd'hui, grâce à une politique d'élevage bien étudiée, le Bavarois, tout en conservant certaines caractéristiques de la souche rottaler, est devenu un cheval de grande qualité. Le gouvernement allemand encourage certains élevages régionaux en leur accordant des subventions.

Apparence C'est un cheval bien charpenté, large et très musclé, qui doit à ses ancêtres une silhouette assez massive. Ses qualités musculaires, ses épaules développées et ses membres robustes en font un cheval adapté à la rigueur des sports équestres. Sa queue est attachée assez haut.

Taille 1,60 m en moyenne.

Robe En général alezane. On peut cependant rencontrer d'autres robes.

Personnalité Le Bavarois est un cheval d'humeur égale. Sa docilité, à laquelle s'ajoutent des qualités athlétiques indéniables, le rend agréable à monter. Son adresse et ses facultés de concentration en font un très bon cheval de sport.

Remarquez la puissante musculature de cette jument et la conformation athlétique de son poulain.

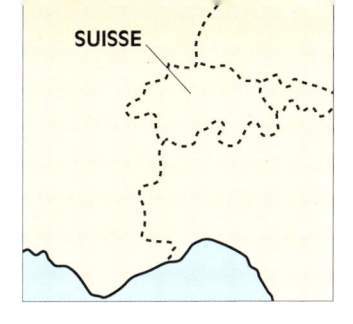

Le Suisse

Le cheval de selle suisse est né dans les années soixante. C'est la race la plus récemment créée par le Haras national d'Avenches.
Ce demi-sang est issu de souches assez diverses. Il a été obtenu à partir de Selle français, de Hanovriens, de Trakheners, de Demi-Sang suédois et, bien sûr, de Pur-Sang. Ces étalons furent utilisés sur une jumenterie d'importation ou d'origine locale — en particulier des juments de l'ancienne race Einsiedler (aujourd'hui englobée par le Suisse).
Pour être admis au stud-book, les étalons doivent être bien conformés, sains et nets, avoir de belles allures et un certain palmarès sportif. Ces animaux sont généralement confirmés à l'âge de trois ans et demi et subissent un nouvel examen à l'âge de cinq ans et demi. On prend en compte leurs origines, mais aussi la qualité de leur descendance. Les juments, elles aussi, sont sévèrement contrôlées.
Le Suisse est un excellent cheval de sport, convenant pour le dressage, le saut d'obstacles et l'attelage.

Extérieur Comme la plupart des chevaux de sport, le Demi-Sang suisse présente un modèle athlétique. L'encolure et l'épaule sont musclées et les membres solides.

Taille De 1,60 m à 1,75 m.

Robe La plupart des robes classiques.

Personnalité Le cheval de selle suisse est généralement gentil et équilibré.

Le cheval de selle suisse est une race moderne de chevaux de sport, d'un modèle athlétique et harmonieux.

ALLEMAGNE

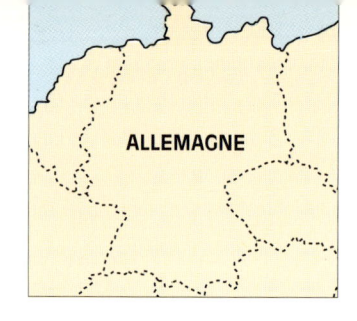

L'Oldenbourg

L'Oldenbourg est le plus grand et le plus lourd des chevaux de selle allemands. Élevé dans les régions du nord-ouest de l'Allemagne dès le début du XVIIe siècle, il est issu en grande partie du Frison hollandais.
Le comte Anton Günther von Oldenburg (1603-1667), qui laissa son nom à la race, importa des étalons pur-sang et des Barbes afin d'améliorer la jumenterie locale. Une centaine d'années plus tard, de nouveaux croisements avec des Pur-Sang, des Cleveland Bays, des Normands et des Hanovriens furent effectués pour améliorer encore la race. Ils aboutirent à la constitution d'un fort cheval de voiture, capable également de travailler aux champs. Après la Seconde Guerre mondiale, la demande s'orienta vers les chevaux de sport. L'Oldenbourg fut alors allégé avec des Pur-Sang et des Anglo-Normands pour en faire un robuste cheval de selle, pouvant cependant être attelé. Aujourd'hui, ce cheval est particulièrement recherché pour les concours d'attelage, où il excelle..

Extérieur L'Oldenbourg possède une belle tête au profil droit. Les épaules sont bien orientées, et la poitrine est profonde. Le dos est très fort, et la croupe puissante.

Taille De 1,65 à 1,78 m.

Robe Noire, baie, bai-brun. Quelques rares alezans.

Personnalité L'Oldenbourg est fort et doté d'un caractère stable. Il est débourré jeune et continue de travailler jusqu'à un âge avancé.

L'Oldenbourg est un cheval puissant, apprécié aussi bien pour l'attelage que pour la selle.

AUTRICHE

Le Lipizzan

Cette race élégante a été créée au XVIe siècle au haras de Lipizza. Le Lipizzan doit sa renommée à ses apparitions dans les représentations que donne l'École espagnole de Vienne depuis quatre cents ans. Les ancêtres du Lipizzan, originaires d'Espagne, avaient du sang andalou, arabe et barbe. Quelques-uns des plus beaux spécimens de cette race furent exportés en Autriche, où la sélection se poursuivit dans le but d'obtenir des chevaux spécialisés dans l'art de l'équitation savante.

Extérieur Le Lipizzan a une petite tête et des yeux expressifs. Le cou et les épaules sont forts, le corps relativement long. Son arrière-main puissant lui permet d'exécuter les figures de dressage difficiles qui lui sont demandées.

Taille De 1,50 à 1,60 m.

Robe Les poulains dont les parents sont gris naissent avec une robe foncée. Ils deviennent généralement gris entre sept et dix ans. On trouve aussi des chevaux lipizzans bais.

Personnalité Les chevaux lipizzans sont aussi intelligents que gracieux. Ils sont généralement dociles, ce qui les rend faciles à dresser. Ceux que n'utilise pas l'École espagnole de Vienne deviennent des chevaux d'attelage ou de selle.

Les chevaux lipizzans sont à la fois forts et gracieux. Ils doivent leur renommée aux remarquables figures de dressage que leur enseigne l'École espagnole de Vienne (en médaillon).

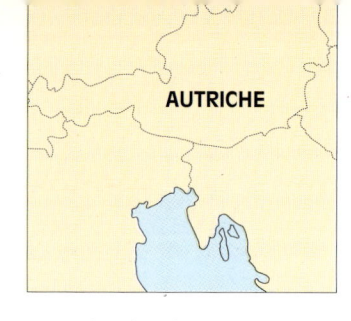

AUTRICHE

Le Noriker

Le Noriker fut élevé à l'origine dans la province romaine du Noricum, qui couvrait approximativement le territoire de l'ancienne Autriche. De nos jours, les Norikers, chevaux de trait légers, sont élevés pour le travail en montagne et la remonte de l'armée autrichienne. L'élevage est sélectif, et on juge les poulains sur leurs allures et sur leurs capacités à tirer des charges.

Extérieur Le Noriker a une grosse tête et une encolure courte et épaisse. Sa poitrine est profonde et son rein long. Ses jambes sont courtes mais solides, et ses sabots résistants.

Taille De 1,63 m à 1,65 m.

Robe Généralement alezane, baie ou tachetée, bien qu'il existe d'autres couleurs.

Caractère Les Norikers ont le pied sûr et le goût du travail. Ils sont parfaits pour le service en montagne.

Le Noriker est un cheval de trait au pied sûr, utilisé en Autriche pour le travail en montagne.

Le cheval de trait de Rhénanie

Le cheval de trait de Rhénanie (que l'on appelle également le trait lourd de Rhénanie) a commencé à être élevé à la fin du XIXe siècle. Il doit son nom à la région d'Allemagne dont il est originaire.
Parmi ses ancêtres, il compte des chevaux de traits de Wesphalie, de Saxe et de la région du Rhin, mêlés à des Brabants belges et des Ardennais français. Toutes ces combinaisons ont donné naissance à un cheval de travail qui est devenu le plus populaire d'Allemagne. Au début du XXe siècle, cet animal imposant et musclé était utilisé pour l'agriculture et les durs travaux de traits. Il servait également à l'amélioration de la race d'autres chevaux du même type.

EXTÉRIEUR
Le cheval de trait de Rhénanie a une carrure impressionnnante, avec son encolure épaisse, ses épaules fortes, son poitrail large. Le corps est compact, le dos solide et les jambes duveteuses, vigoureuses.

TAILLE
De 1,60 m à 1,70 m.

ROBE
Noisette et aubère avec des tâches noires ou chanvre.

PERSONNALITÉ
Comme la plupart des grands chevaux de trait, le cheval de trait de Rhénanie est docile. Il devient adulte très rapidement et a une longue vie de travail.

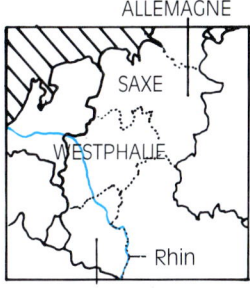

Le cheval de trait de Rhénanie était autrefois le cheval de travail le plus courant d'Allemagne. Il est batti comme le Brabant ou l'Ardennais.

Le Schleswig

**SCHLESWIG-HOSLTEIN
ALLEMAGNE**

C'est un cheval de trait de type cob, élevé dans le Schleswig-Holstein, région allemande qui appartenait autrefois au Danemark. De ce fait, le cheval du Schleswig est très proche du Jutland danois, avec lequel il a d'ailleurs été fréquemment croisé.
Au Moyen Âge, les Schleswig servaient de monture aux chevaliers dont les lourdes armures exigaient des chevaux puissants. Ils étaient également employés pour le trait. À la fin du XIXe siècle, le Schleswig fut notamment croisé avec des Bretons et des Boulonnais. Des Pur-Sang et des Carrossiers du Yorkshire (une race aujourd'hui éteinte) étaient également employés dans les croisements, ce qui confère au Schleswig une rapidité de course remarquable si on la compare à sa taille.

Extérieur La tête est volumineuse, avec un profil convexe. Le poitrail est très éclaté, la poitrine profonde, et le dos long. Les membres sont courts et très forts, avec des fanons peu fournis.

Taille De 1,55 à 1,60 m.

Robe Le plus souvent alezane, crins lavés. Mais on trouve aussi du bai et du gris.

Personnalité Le Schleswig est un cheval très vivant, d'une grande résistance au travail.

Le Schleswig élevé en Allemagne est bréviligne et très musculeux. Il est très proche du Jutland danois.

Le trait d'Allemagne du Sud

Le « South German Cold Blood » est principalement élévé en Bavière mais on le trouve également dans les régions bien vallonnées de Baden Wurtemberg et de Baden Baden, dans le Sud de l'Allemagne.
Il a sans doute pour ancêtres des chevaux de la vieille province romane de Noricum. Par la suite, le développement de sa race a été assuré par les monastères.
Au cours du siècle dernier, la qualité a été améliorée par des croisements avec des Baies de Cleveland, des Oldenburgs et des Holstein. Si bien qu'on trouve aujourd'hui au nord du pays, dans la région la plus montagneuse de la Bavière, un type moins lourd, moins puissant à qui on a donné le nom de son pays d'origine : l'Oberlander. Un deuxième type de cheval est né de ces filiations : le Pinzgauer, un animal plus lourd que l'on trouve dans la région de Chiemgau. Au cours de la dernière décade, des tentatives ont été faites pour renforcer la race et en unifier les différentes variétés. Pour cela, les éleveurs ont fait appel à des étalons Autrichiens. Le résultat a donné ce cheval à la stature imposante.

EXTÉRIEUR
Le cheval de trait d'Allemagne du Sud est de taille moyenne. Il est fort, très agile et a des jambes bien droites. Il est adapté au terrain vallonné mais est aussi à l'aise dans les plaines. Pour toutes ces raisons c'est un animal recherché pour les travaux d'agriculture.

TAILLE
De 1,55 m à 1,64 m.

ROBE
En général baie.

PERSONNALITÉ
Le South German est d'humeur égale et plutôt calme. On le voit aujourd'hui dans toutes les festivités liées au monde agricole. Sa force est mise à l'épreuve pour des concours où il s'agit de tirer les plus lourdes charges.

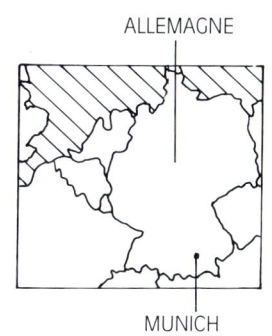

En raison de sa stature massive, le South German est particulièrement adapté aux régions alpines.

VI

LA SCANDINAVIE

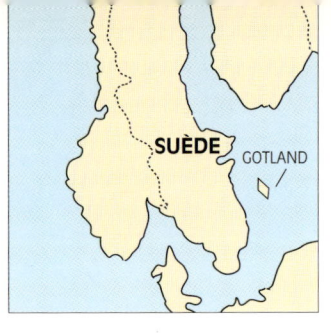

Le Götland

C'est une race de poneys originaire de l'île de Götland, au large des côtes suédoises, dans la mer Baltique.
C'est la plus ancienne des races de chevaux scandinaves.
Le Götland descend sans doute du Tarpau, comme en témoigne la présence fréquente d'une raie de mulet, qui est un caractère primitif.
Les poneys Götland étaient autrefois utilisés pour la traction légère (petits travaux de polyculture, transports, etc.), mais, comme cela arrive souvent, la motorisation a entraîné une forte réduction des effectifs.
Améliorée par des apports de sang arabe et oriental, la race connut au XXe siècle un regain de popularité, et il fut exporté de si nombreux spécimens que leur nombre diminua en Suède. Le gouvernement suédois constitua une société d'élevage pour permettre à la race de subsister dans son milieu naturel. Des troupeaux vivent encore à l'état sauvage dans les forêts de l'île.

Extérieur Le Götland est d'un modèle léger et élégant. La tête est petite, avec un front large, de grands yeux et des oreilles bien plantées et expressives. L'encolure est courte, l'épaule oblique et musculeuse, le dos asez long. Les membres sont solides, et les pieds bien conformés.

Taille Environ 1,25 m

Robe Le plus souvent baie, noire, souris ou isabelle. Mais d'autres couleurs de robe sont aussi autorisées. La raie de mulet est souvent présente.

Caractère Le Götland est facile. Son modèle léger et son adresse naturelle en font un bon sauteur, et il est très apprécié comme monture d'enfant.

Les effectifs des poneys Götland, en Suède, sont conservés grâce à une politique d'élevage très sélective.

L'Islandais

Les robustes poneys islandais ont gardé la pureté de leur sang durant plus de dix siècles et jusqu'à aujourd'hui. Rappelons que les autres races ne sont pas autorisées à entrer en Islande, par peur des maladies qu'elles pourraient apporter.
Outre le pas, le trot et le galop, les poneys islandais ont deux allures qui leur sont particulières : le « tölt » et l'amble.
Le tölt est une allure à quatre temps plus confortable que le trot. L'amble est une allure à deux temps : les deux jambes d'un même côté se lèvent et se posent simultanément, et, à un moment donné, les quatre sabots du cheval se trouvent en même temps suspendus au-dessus du sol, ce qui donne l'impression que l'animal flotte. À cause de cette particularité, les poneys islandais participent à des concours d'allures spéciaux, ainsi qu'à des concours de dressage et à des courses de fond. Ils sont également utilisés pour l'équitation et le travail dans les troupeaux de moutons.

Extérieur La tête est droite, avec de petites oreilles pointues et des yeux écartés. L'encolure s'attache à des épaules puissantes, la poitrine est large, et le dos long, avec un tronc arrondi. Une croupe inclinée est préférable. La crinière, la queue et le toupet sont fournis.

Taille 1,30 m en moyenne.

Robe Toutes les couleurs et toutes les taches sont permises.

Personnalité Les poneys islandais sont des travailleurs courageux et pleins d'ardeur. Malgré leur petite taille, ils sont capables de porter des charges lourdes, par tous les temps et sur de longues distances. Ils sont affectueux et doux avec les enfants et les autres animaux.

Comme leur entretien est peu onéreux et que leurs allures particulières les rendent intéressants à monter, ils jouissent d'une grande popularité dans les pays européens, et dans certaines régions d'Amérique du Nord.

De toutes les couleurs, les poneys islandais ont conservé leur pureté de race ; Ils sont célèbres pour leurs allures particulières, le tölt et l'amble.

NORVÈGE

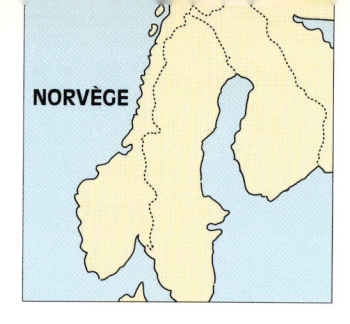

Le Fjord

Cette race de poneys est originaire de l'ouest de la Norvège, mais on la trouve aujourd'hui dans toute la Scandinavie et dans d'autres pays.
Bien que les Fjords aient été domestiqués il y a très longtemps, ils ressemblent encore à des races primitives comme les chevaux de Prjevalski. Il existe d'ailleurs dans l'art viking des reproductions, datant d'il y a quelque mille ans, de chevaux dotés d'une robe de la même couleur et d'une crinière relevée tout à fait semblable.
Robustes et endurants, les Fjords ont le pied sûr. Ils rendent de précieux services aux agriculteurs dans les régions montagneuses où les tracteurs ne peuvent pas aller.

Apparence Le Fjord a le front large, les yeux écartés et de petites oreilles. Il possède une encolure musclée, une poitrine large, des pieds durs et des jambes vigoureuses aux boulets garnis d'un petit fanon.

Taille De 1,30 à 1,40 m.

Robe Les Fjords sont généralement isabelle et ils portent une raie de mulet. Ils ont aussi souvent des zébrures sur les jambes, et leur crinière, de couleur argentée et de forme incurvée, comporte en son milieu des crins noirs un peu plus longs que les autres. L'extrémité de la tête a une teinte plus claire que le reste de la robe, tandis que la queue et les jambes sont habituellement plus foncées.

Personnalité Leur caractère docile et leur force en font des chevaux parfaitement adaptés aux travaux agricoles.
Ils sont utilisés pour l'attelage, l'équitation et le saut.

Le Fjord norvégien se caractérise par une robe isabelle, une raie de mulet et une crinière relevée de deux couleurs. Notez également la teinte foncée de la queue et des jambes.

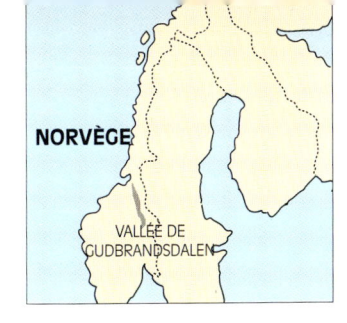

Le Døle

NORVÈGE
VALLÉE DE GUDBRANDSDALEN

Le Døle est originaire de la vallée de Gudbrandsdalen, en Norvège.
C'est un proche parent des races Dale et Fell, et, dans les temps préhistoriques, avant que la Grande-Bretagne ne devienne une île, tous ces chevaux ne formaient sans doute qu'une seule et même race.
Quand l'Europe se morcela, donnant notamment naissance aux îles Britanniques, les différentes races de chevaux, désormais séparées, acquirent peu à peu leurs propres caractéristiques. Plus tard, avec le développement du commerce entre la Norvège et la Grande-Bretagne, les marchands emmenèrent leurs chevaux avec eux et les croisèrent avec des races insulaires — qui avaient conservé certaines de leurs ressemblances originelles.
Il existe deux types de Døles. Le premier est le Gudbrandsdal, petit cheval de trait robuste, puissant et vif. On l'emploie encore aujourd'hui pour le transport et les travaux agricoles sur le sol accidenté de la vallée de Gudbrandsdalen et des contrées environnantes.
Le second est le trotteur Døle. C'est un cheval plus léger. Son origine remonte aux environs de 1830, époque à laquelle un pur-sang Anglais fut exporté en Norvège et croisé avec des Gudbrandsdals. Il fut d'abord utilisé comme cheval de trait léger, puis pour les courses de trot et les courses attelées.

Apparence Le trotteur Døle et le Gudbrandsdal ont certains traits communs : tête petite, épaules droites, corps large et puissant, arrière-main musclé, jambes courtes, crinière et queue fournies.

Taille Entre 1,42 et 1,52 m.

Robe Généralement noire, brune ou baie.

Personnalité Les Døles sont vigoureux, placides et très résistants. Ils peuvent être utilisés pour toutes sortes d'activités.

Les Døles sont des chevaux de trait appréciés en Norvège, pays dont certaines régions sont inaccessibles en véhicule à moteur.

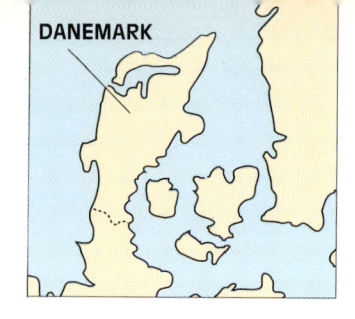

Le Knabstrup

Originaire du Danemark, le Knabstrup à la robe mouchetée est apparu au début du XVIIIe siècle. On le voit aujourd'hui dans les cirques. Pendant les guerres napoléoniennes, des troupes espagnoles stationnèrent au Danemark. Lorsqu'elles en partirent, un officier laissa derrière lui une jument alezane couverte de petites taches irrégulières.
Un éleveur de chevaux, le major Villars Lunn, la remarqua. Il fut tellement impressionné par sa vivacité et par son endurance qu'il l'acheta et l'emmena dans son haras de Knabstrup. Villars Lunn créa alors une nouvelle race en faisant saillir cette jument par un Fredericksborg palomino. Le poulain qui naquit de cette union avait une robe mouchetée aux reflets métalliques et de couleur claire. Il devint l'étalon fondateur de la race moderne des Knabstrups.

Extérieur Au cours de ces dernières années, les éleveurs ont accordé plus d'importance à la production de robes de couleurs différentes qu'à la conformation. Il existe donc une grande variété de types. De façon générale, cependant, les Knabstrups ont une conformation identique (en moyenne un peu plus trapue) à celles de leurs parents, les Fredericksborgs.

Taille Environ 1,50 m.

Robe Tous les mélanges de poil sur fond rouan ou gris.

Personnalité Les Knabstrups sont calmes et patients, qualités qui font d'eux d'excellents chevaux de selle.

Son extraordinaire robe mouchetée fait du Knabstrup un cheval que l'on voit souvent dans les cirques. Il tire son nom du haras où cette race fut créée.

SUÈDE

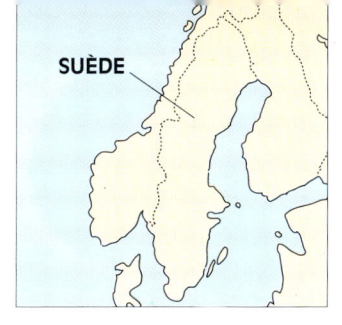

Le Suédois

Le Suédois, aussi appelé Demi-Sang suédois ou Selle suédois, est l'une des races de sport les plus appréciées de nos jours. Ce cheval excelle dans les épreuves de dressage, de saut d'obstacles, de complet et même d'attelage.
À l'origine, la race fut créée pour la remonte de l'armée suédoise. Des juments autochtones furent saillies par des Pur-Sang, Arabe, Hanovrien ou Trakhener. Un stud-book fut ouvert, et ne pouvaient y être inscrits que les produits ayant passé de sévères tests de sélection portant sur le modèle, les allures et le caractère. Les étalons étaient également jugés sur leurs performances en saut d'obstacles et en dressage. Leur descendance fut, elle aussi, sévèrement sélectionnée : les jeunes chevaux devaient être confirmés à l'âge de trois ans.

Les Suédois sont aujourd'hui exportés dans le monde entier. Ils sont souvent utilisés pour améliorer d'autres races équines.

Extérieur Le Suédois possède une belle tête aux yeux expressifs. L'encolure est longue, l'épaule bien orientée. Le corps et la croupe sont très musclés, les membres solides.

Taille De 1,58 m à 1,75 m.

Robe Toutes les robes sont admises.

Personnalité Le Suédois est intelligent et gentil.

La conformation athlétique du Suédois en fait une monture de compétition idéale.

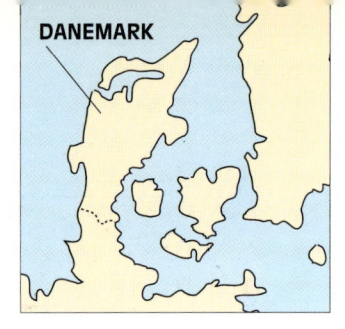

Le Jutland

La région du Jutland, au Danemark, a été depuis plus de mille ans le berceau de la race qui porte son nom. Le Danemark élève des chevaux avec succès depuis bien longtemps. Par une sélection attentive, les Danois ont créé une race de chevaux de trait robuste, possédant toute la force nécessaire à la traction lourde (travaux des champs ou transports.)
Au Moyen Âge, le cheval de trait danois était utilisé pour la guerre. Sa robuste constitution et son agilité en faisaient une monture tout indiquée pour les lourds chevaliers en armure.
On pense que le cheval du Jutland a du sang du Schleswig allemand et du Suffolk Punch anglais. Au début du XIXe siècle, des Cleveland Bays et des carrossiers du Yorkshire furent utilisés pour alléger la race.

Extérieur La tête au profil droit est greffée sur une encolure courte. La poitrine est profonde, la croupe est ronde et musculeuse, les membres courts et pourvus de fanons abondants.

Taille De 1, 55 à 1,65 m.

Robe Le plus souvent alezane avec toutes ses nuances, mais, parfois aussi, rouanne.

Personnalité Comme la plupart des chevaux de trait, le Jutland a un tempérament doux et calme, qui, associé à sa force, en fait un excellent cheval pour l'attelage lourd et les travaux agricoles.

Le Jutland danois est un cheval robuste utilisé pour le trait lourd et le transport. Cet alezan s'apprête à être attelé à un plateau pour présenter un attelage de brasserie.

Le Suédois du Nord

Le Nord de la Suède est la patrie d'un cheval robuste réputé pour sa longue vie et ses grandes capacités de travail. Le Suédois du Nord est né d'un croisement de poneys d'origine suédois avec des chevaux Doles de Norvège et, plus tard des Oldenburgs. Au début du XXe siècle une société a été créée pour établir les critères de la race. Aujourd'hui, avant d'être enrigstrés au Stud Book, les étalons sont testés sur leur capacité de travail. Ces animaux sont utilisés pour tous les genres de travaux de traits dans l'agriculture. L'armée fait également appel aux Suédois du Nord.

EXTÉRIEUR
La tête est assez grosse, avec un cou court et épais. Le corps est long et profond, la croupe fuyante. Les membres sont musclés et arondis. La queue et la crinière sont bien fournies.

TAILLE
De 1,50 m à 1,55 m.

ROBE
La robe est brun-foncée. Mais elle peut être aussi baie, noisette ou noire.

PERSONNALITÉ
Les Suédois du Nord ont un trot vif. Pour cette raison, ces chevaux ont été utilisés pour donner naissance à un animal très proche : le Trotteur suédois du Nord.

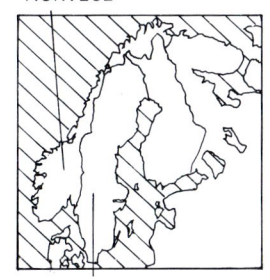

Les Suédois du Nord ont des corps musclés et des jambes solides. Leur allure aimable correspond tout à fait à leur nature.

VII

LA MÉDITERRANÉE

Le Sorraia

Le poney Sorraia est originaire du Portugal. Le berceau de la race se trouve non loin de la frontière espagnole, entre les fleuves Sor et Raia, deux affluents du Sorraia. Le Sorraia est frugal et très robuste. Il est capable de résister aux températures extrêmes. Avant la motorisation de l'agriculture, ces poneys étaient employés pour les travaux des champs et le tri du bétail. Aujourd'hui, la plupart des Sorraias vivent à l'état sauvage. Un troupeau de souche est préservé pour assurer la survivance de la race.

Extérieur C'est un poney rustique et primitif. Il a une tête massive au profil droit ou légèrement convexe. La race survivant à l'état sauvage, la conformation de certains sujets est médiocre.

Taille De 1,22 m à 1,32 m.

Robe Isabelle ou souris, avec une raie de mulet, des zébrures aux membres, et la pointe des oreilles noires.

Personnalité Le Sorraia est courageux et fort.

La plupart des poneys Sorraia vivent et se reproduisent en liberté. Les beaux sujets (en médaillon) sont utilisés comme reproducteurs pour la conservation de la race.

Alter-Real

L'Alter-Real est un cheval racé et athlétique, au tempérament vif, utilisé pour toute équitation, mais surtout en dressage. Originaire du Portugal, il est produit au haras royal d'Alter do Chao. C'était le cheval de la cour du Portugal. Lors des campagnes de Napoléon dans la péninsule, le haras fut réquisitionné, les chevaux dispersés, ce qui entraîna la quasi-extinction de la race. Au début du XXe siècle, l'élevage fut reconstitué avec des apports de sang anglais et andalou.

Aujourd'hui, on peut dire que la race Alter-Real est restabilisée sous l'impulsion d'écuyers comme Don José de Athayde.

Modèle La tête est élégante, portant la marque du sang andalou (nez un peu busqué), les yeux larges et expressifs, l'encolure longue et arquée. Le dos est court et large, les postérieurs musclés et puissants. Le trot raccourci et cadencé est naturel chez l'Alter-Real, qui lève haut les antérieurs, comme les Andalous.

Taille Environ 1,50 m au garrot.

Robe Baie, parfois grise, avec les nuances propres à ces robes.

Caractère C'est un cheval plein d'intelligence, vif, courageux, très sensible et doué pour le travail de Haute École.

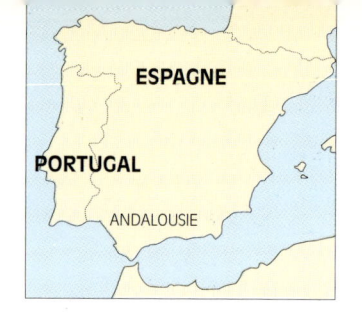

L'Andalou

L'Andalou tire son nom de la province d'Andalousie. Son tempérament volontaire et la grâce de son geste en font un cheval de dressage apprécié. Le cheval andalou est aussi très utilisé en équitation de loisirs : on le voit souvent dans des cérémonies et des festivals.
Cette noble monture a de très anciennes origines. On pense que c'est le produit d'un croisement entre une race autochtone espagnole et des chevaux à fort tempérament du nord de l'Afrique.
La pureté de la race est due à l'attention que des moines du XVe siècle portèrent à ces chevaux, ce qui les protégea de croisements intempestifs. Aujourd'hui, les Lipizzans, issus d'Andalous, brillent au sein de l'École espagnole de Vienne. Mais son dressage implique beaucoup de travail de la part du cavalier, car c'est un cheval qui « triche » facilement quant à l'engagement de ses postérieurs.

Apparence Une magnifique tête domine une encolure plutôt épaisse; les épaules bien obliques, et le corps est très élégamment proportionné. L'arrière-main est large. Queue et crinière sont fournies, avec des crins longs, la queue étant attachée bas.

Taille De 1,50 m à 1,60 m.

Robe Toutes les variétés du gris, mais aussi bai.

Personnalité Cheval intelligent, fier et courageux, il est agile et plein de fougue, mais très amical et attachant.

Le Lusitanien

Le Lusitanien est un superbe cheval originaire du Portugal. Il est très proche de l'Andalou et possède du sang arabe et barbe. Grâce à sa maniabilité et à son intelligence, le Lusitanien a toujours constitué un précieux atout pour la cavalerie portugaise. Ce qui ne l'empêchait pas d'être aussi apprécié dans les fermes où il était utilisé pour la traction légère — et même monté.

Aujourd'hui, le Lusitanien est surtout employé comme cheval de tauromachie. Le Lusitanien est un cheval surdoué pour le dressage et la haute école, pour laquelle il présente à la fois l'aptitude au rassembler et le brio.

Extérieur Le Lusitanien a une tête petite, au profil droit ou légèrement convexe, qui ressemble beaucoup à celle de l'Andalou. L'encolure est épaisse, et l'épaule moyennement inclinée. Le corps est compact, la croupe musculeuse. Crinière et queue sont abondantes, soyeuses et parfois légèrement ondulées.

Taille De 1,60 à 1,65 m.

Robe Le plus souvent grise, mais aussi baie, noire ou plus rarement alezane.

Personnalité Le Lusitanien est courageux, généreux, docile. Son équilibre et sa sûreté de pied sont proverbiales, ainsi que ses aptitudes à l'équitation et à l'attelage qui met en valeur son élégance naturelle.

Le Lusitanien, originaire du Portugal, est très proche de l'Andalou, son voisin espagnol.

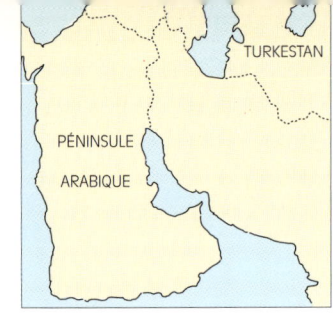

L'Arabe

De tous les chevaux d'élevage, l'Arabe est sans doute le plus beau et le plus noble. Aucun autre cheval ne possède une si parfaite combinaison de qualités : courage, vitesse, vigueur, loyauté et affection. Son tempérament chaud et fougueux a suscité l'admiration de générations entières à travers les siècles. Les origines du cheval arabe sont entourées de légendes. L'une d'elles avance que le prophète Mahomet, voulant sélectionner les meilleurs chevaux pour ses guerriers, ordonna qu'on laisse un troupeau de chevaux dans un enclos sans eau durant sept jours. Au bout de ce délai, à l'ouverture de l'enclos, ceux qui n'étaient point morts se précipitèrent vers l'abreuvoir. Mahomet faisant sonner le ralliement des guerriers, seules cinq juments répondirent à l'appel, avant même d'avoir étanché leur terrible soif... Tous les chevaux arabes de pure race sont réputés descendre de ces juments, et des règles strictes ont été suivies en vue du maintien de cette pureté. On situe leur origine réelle au Turkestan, dans la région de Ferghana. On retrouve ensuite la race en Afrique du Nord et en Égypte. C'est vers 150 après J.-C. que les bédouins commencent l'élevage du cheval arabe dans la péninsule Arabique. La plupart des races d'élevage actuelles ont été développées par croisement de chevaux arabes et de races plus lourdes, au tempérament plus froid et au caractère plus docile. L'Arabe offre une particularité par rapport aux autres chevaux : il possède dix-neuf paires de côtes au lieu de dix-huit.

Apparence Une face longue, aplatie, au front large, légèrement incurvée et s'achevant par un bout de nez aux narines frémissantes. Des yeux brillants et des oreilles alertes, une encolure incurvée en arc, une poitrine large et musclée, une arrière-main forte, des jambes fines aux pieds durs et ronds. Sa robe est soyeuse, aux crins longs.

Taille Entre 1,40 et 1,50 m au garrot.

Robe Baie, le plus souvent, parfois grise ou noire.

Personnalité Un cheval superbe, intelligent et très vivant, loyal et appréciant la compagnie de l'homme, excellent compétiteur, endurant et rapide, au très beau port de tête et de queue.

Cet étalon arabe, à la magnifique robe noire, illustre la grâce de mouvement de cette race.

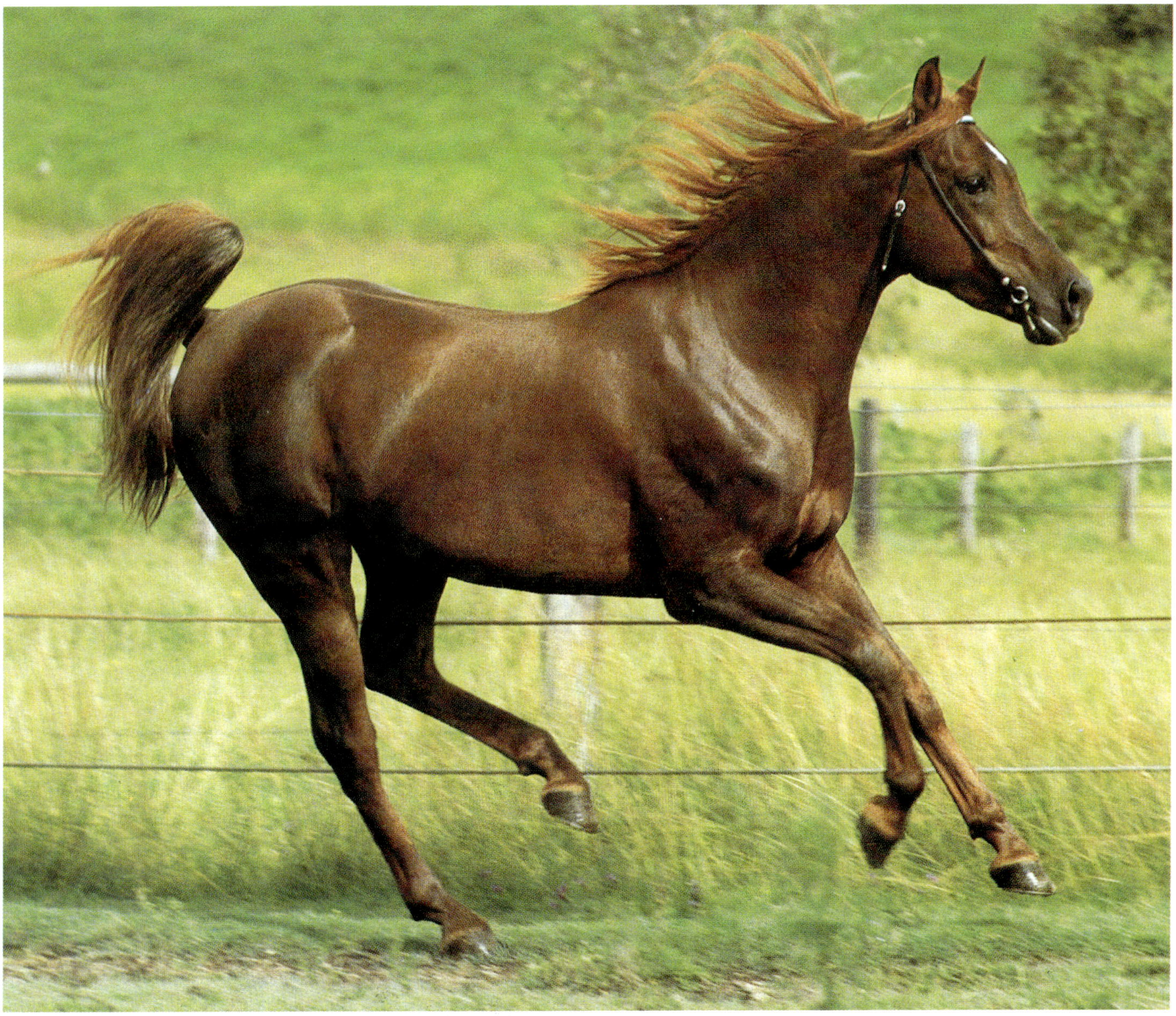

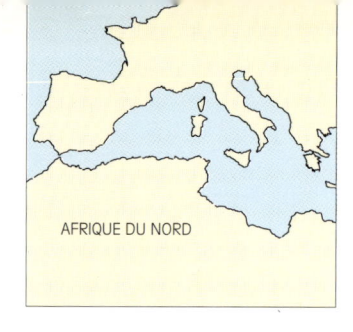

Le Barbe

Le Barbe est originaire d'Afrique du Nord et a été longtemps associé au Maroc, à l'Algérie et à la Tunisie, ces pays formant une zone géographique appelée au XVIIIe siècle les côtes barbaresques.

Apparence Cheval vif et élégant, le Barbe est capable de vitesse et d'endurance, qualités qu'il démontre régulièrement dans les fantasias, fêtes qui ont lieu en Afrique du Nord. Son courage et sa rapidité de mouvement en ont fait une monture de cavalerie idéale dans le passé. Beaucoup de races européennes ont encore des traces de sang barbe, la race andalouse d'Espagne en étant un exemple type.

Extérieur Un profil droit et un bout de nez large. Des épaules droites et le poitrail étroit. Un dos court avec une croupe tombante et une queue fournie. Des membres longs, solides, secs et musclés.

Taille 1,50 m. environ

Robe Souvent grise, mais aussi baie ou baie brune.

Personnalité Le Barbe a le pied sûr. Solide et endurant sur de longues distances, il est capable de partir comme l'éclair et de s'arrêter pile. C'est un animal rustique et bien adapté à l'homme, un compagnon idéal mais assez « cabochard ». Jusqu'en 1962, il y avait dans l'armée française des unités opérationnelles montées. La dernière d'entre elles, le 23e spahis, remonté en chevaux barbes en 1959, opéra aux confins algéro-marocains pendant la guerre d'Algérie. Le régiment fut dissous en 1962, la dissolution des unités de spahis faisant spécifiquement partie des accords d'Évian. Le cheval est encore présent dans les armées, au sein de la Garde républicaine, pour la parade et aussi pour le sport, bien entendu. Le cheval barbe est aujourd'hui apprécié en France, après une longue — et injuste — période d'oubli. Il est particulièrement recherché pour la randonnée, pour laquelle sa sobriété, son endurance et sa sûreté de pied font merveille.

Le cheval barbe est réputé pour sa vitesse et son endurance. Il est présent dans la Garde républicaine et c'est aussi le cheval des fantasias.

Le Selle italien

Comme de nombreux autres pays, l'Italie croise ses races de sang locales avec des chevaux étrangers pour produire une race spécifique destinée aux besoins du sport équestre : le cheval de selle italien. Les éleveurs ont ainsi choisi et importé à des fins de reproduction des animaux venant de tous les pays d'Europe. Parmi les races italiennes utilisées pour ces croisement, figurent :

— le Salernitain, créé au XVIe siècle grâce à un apport de sangs napolitain, arabe et barbe. Autrefois apprécié dans la cavalerie, il a fait ses preuves en compétiton ;
— les Anglo-Arabes sicilien et sarde, qui ont des ancêtres arabes et barbes, fournissent les poulinières les plus appréciées pour produire des chevaux de selle ;
— le Maremmano de Toscane est une race robuste qui a été améliorée par croisement avec des Pur-Sang ;
— le Sanfrantellano de Sicile est utilisé à la fois comme cheval de selle et d'attelage.

Extérieur L'utilisation de nombreuses races différentes pour produire les chevaux de selle italiens fait qu'il n'y a pas de type défini. Un bon cheval de compétition doit cependant allier force et charpente relativement légère.

Taille De 1,53 à 1,62 m.

Robe Toutes les couleurs.

Personnalité La plupart des chevaux de sang italiens sont énergiques et intelligents. Ces caractéristiques en font d'excellents chevaux de selle.

Le Salernitain est l'une des races de sang italiennes utilisées pour produire l'actuel cheval de selle italien.

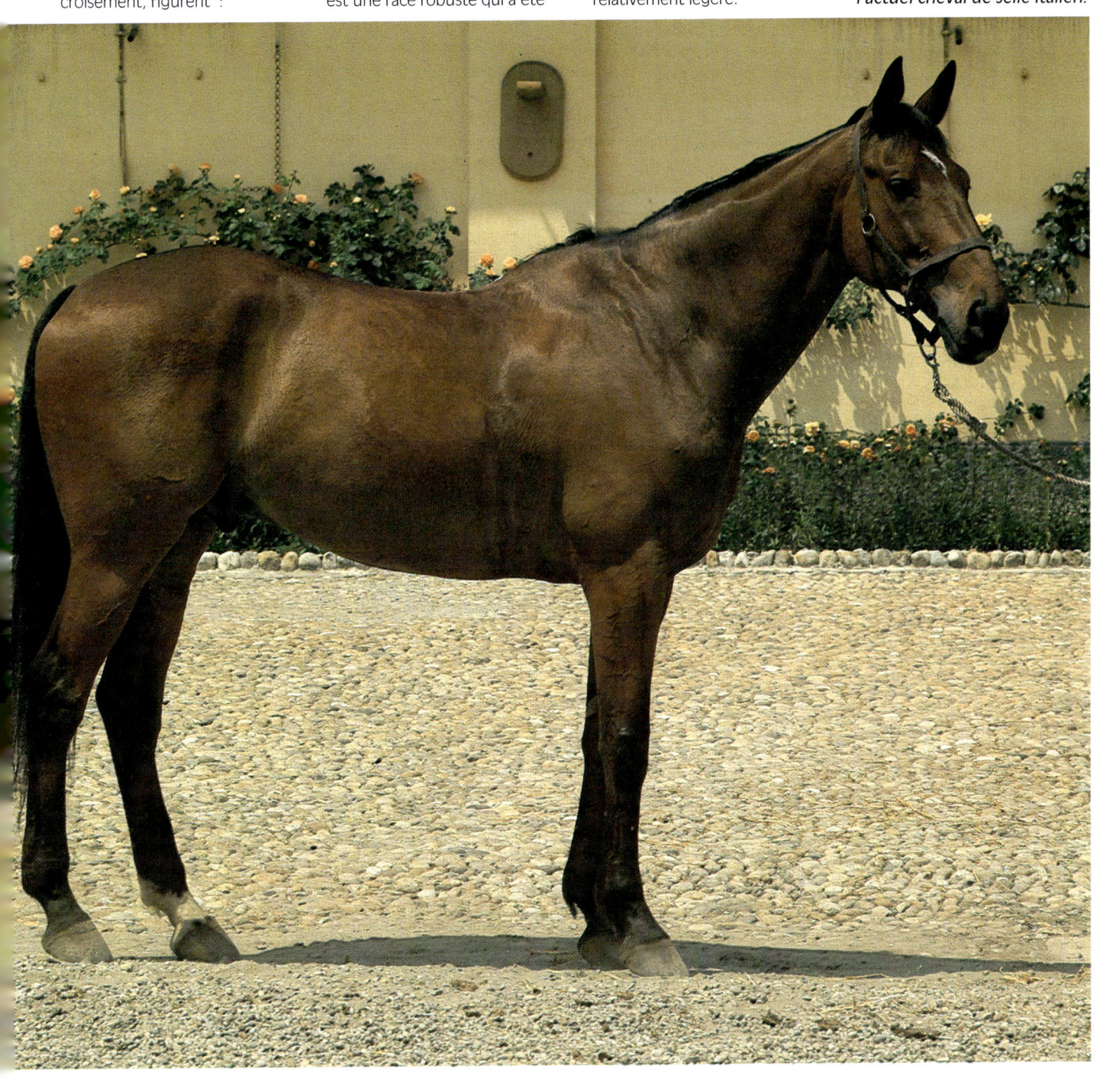

VIII

L'ASIE ET L'EUROPE DE L'EST

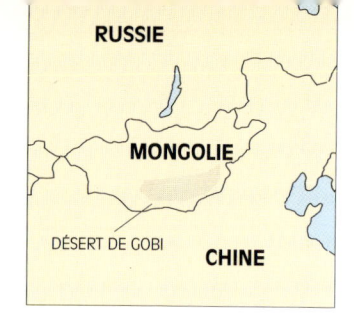

Le Przewalski

En 1881, un explorateur russe, le colonel Przewalski, découvrit, en bordure du désert de Gobi, la plus ancienne race de chevaux sauvages du monde. Ces animaux avaient peu évolué au cours des millénaires. La découverte de Przewalski eut un grand retentissement. Tous les zoos du monde voulurent posséder quelques sujets de la « nouvelle » race. La traque commença. Pour capturer un ou deux poulains, les chasseurs n'hésitaient pas à massacrer une harde. Si bien qu'en quelques années, les derniers chevaux de Przewalski libres furent exterminés. En 1950, il n'en restait que trente-quatre, vivant tous dans des zoos. On se mobilisa alors pour sauver la race. Avec bonheur, puisqu'en 1990 on comptait un millier de sujets répartis dans plus quatre-vingts zoos. Depuis quelques années, une action est menée en vue de réintroduire des chevaux de Przewalski dans leur pays : la Mongolie. Ce qui ne sera pas facile, car, depuis plusieurs générations, ces chevaux mènent une vie de captifs, d'assistés. Néanmoins, une expérience de mise en semi-liberté, menée dans le parc national des Cévennes, semble encourageante. Et il est probable qu'avant peu les Przewalski pourront de nouveau trotter dans leurs steppes d'origine.

Extérieur Comme les chevaux peints dans les cavernes d'Europe, le cheval de Przewalski a la tête large, le nez busqué, la joue et les dents larges, les oreilles petites. Son corps est ramassé, son encolure forte, et ses épaules droites. Ses jambes sont relativement fines. Sa crinière est courte. La base de sa queue est agrémentée d'une touffe de poils.

Taille De 1,30 m à 1,40 m.

Robe Isabelle avec crinière et queue noires, raie de mulet et rayures noires sur les jambes.

Personnalité Comme le zèbre, le cheval de Przewalski n'a jamais pu être domestiqué. Il est le seul cheval vraiment sauvage au monde.

Le cheval de Przewalski a peu évolué au cours des millénaires.

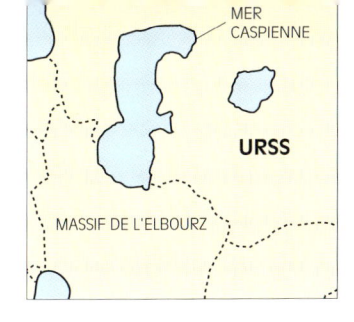

Le Caspien

Le Caspien est une race de ces régions bordières de la mer Caspienne et du massif de l'Elbourz, en Iran.
Le Caspien a un passé mystérieux. Les recherches en cours tendent à prouver qu'il pourrait être un descendant des chevaux iraniens indigènes, qui existaient au moins 3000 ans avant J.-C. et que, à leur tour, les chevaux à sang chaud des temps modernes descendent peut-être des Caspiens. Pendant mille ans, tout souvenir des Caspiens fut perdu, mais en 1965, ces chevaux miniatures furent redécouverts sur les côtes de la Caspienne.

Extérieur Le Caspien a les proportions d'un cheval. Sa tête est fine comme celle d'un cheval arabe ; son front est large et les os de sa mâchoire proéminents. Il a les yeux vifs, les naseaux larges et une bouche petite. L'encolure est rouée et le corps étroit, avec un dos court. La crinière et la queue, attachée haut, sont soyeuses.

Taille De 1,10 m à 1,25 m.

Robe La couleur bai est la plus commune, de même que le gris ou l'alezan, occasionnellement le crème. Des marques blanches sur la tête et les jambes sont admises pour les présentations.

Personnalité Le Caspien est intelligent et a un bon tempérament, ce qui le rend idéal pour la pratique de l'équitation par les enfants. Ces derniers, du fait de l'étroitesse du Caspien, peuvent placer correctement les jambes autour de son corps et utiliser les aides plus facilement. À l'origine, la race fut employée au travail attelé et à la traction des charrettes. De nos jours, c'est une monture en vogue auprès des enfants et un concurrent athlétique dans les compétitions attelées, malgré sa petite taille. Les haras se sont multipliés dans toute l'Europe, en Australie et en Nouvelle-Zélande.

Le Caspien a la taille d'un poney, mais son corps présente les mêmes proportions que celles d'un cheval.

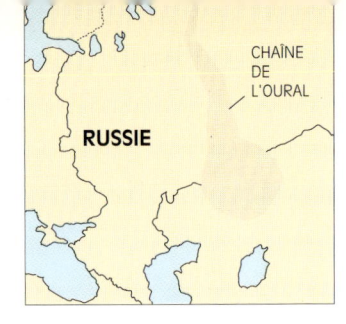

Le Tarpan

Les Tarpans sont connus comme l'une des plus anciennes races de chevaux sauvages. À l'origine, ils vivaient libres dans les montagnes russes de l'Oural, en Europe de l'Est et en Europe centrale. Pendant des siècles, les Tarpans habitant les forêts furent chassés pour leur chair, tandis que quelques-uns étaient domestiqués par des agriculteurs, qui les employaient à des travaux légers. Malheureusement, vers la fin du XVIIIe siècle, la race avait presque disparu, et, cent ans plus tard, pense-t-on, le dernier de ces chevaux est mort. Un professeur polonais nommé Vetulani, s'est intéressé aux races de chevaux primitives et, vers 1930, il a entrepris de retrouver le Tarpan. Dans les forêts polonaises, il a découvert des chevaux primitifs présentant de nombreux points communs avec leurs ancêtres sauvages. Contrôlant judicieusement les croisements, le professeur s'efforça de préserver leurs caractéristiques et créa le Tarpan moderne. De nos jours, plusieurs hardes vivent en liberté dans une réserve.

Extérieur La tête est longue, large, et le nez busqué. L'encolure est courte et puissante, l'épaule basse. Sur la croupe avalée, la queue est portée haute.

Taille Environ 1,30 m.

Robe D'isabelle foncé à brun pommelé, marquée d'une raie de mulet. Les jambes portent des zébrures, comme, parfois, l'ensemble du corps.

Personnalité Les Tarpans sont courageux, comme leurs ancêtres sauvages.

Le Tarpan moderne a été soigneusement sélectionné à partir de chevaux polonais des forêts, très proches de la race originelle.

Le Viatka

Le Viatka est originaire de la région qui longe la rivière du même nom, près d'Udmurt et de Kirov. Proche du Konik polonais et du Klepper estonien, le Viatka est un poney de type primitif.
Grâce à son poil épais et à une importante couche de graisse sous la peau, il peut s'adapter aux climats les plus froids. Depuis longtemps, il a été, utilisé pour les petits travaux de ferme. Attelé à trois de front, il tirait aussi les troïkas. Il servait également, à l'occasion, comme cheval de selle. Cette race n'a subi pratiquement aucun croisement depuis des siècles. Pour essayer de conserver sa pureté initiale, l'élevage est maintenant strictement contrôlé dans les haras d'État.

Extérieur La tête est longue, un peu chargée en ganaches, avec un front large. L'encolure est assez longue, l'épaule musculeuse et inclinée. La poitrine est profonde, le dos long et large. La crinière et la queue sont bien fournies.

Taille De 1,32 m à 1,52 m.

Robe Bai clair, isabelle, rouan ou louvet, avec une raie de mulet et souvent des zébrures aux membres.

Personnalité Le Viatka est énergique tout en étant facile.

Le poney russe Viatka est de type primitif. On l'utilise comme cheval de selle et pour l'attelage.

HONGRIE

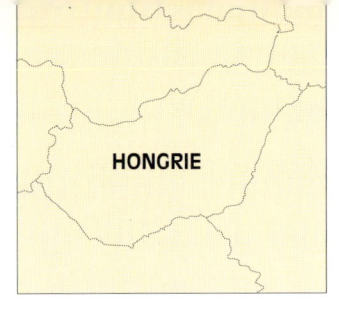

Le Nonius

Cette race vigoureuse fut créée au haras hongrois de Mezohegye pendant les guerres napoléoniennes, à la fin du XVIIIe siècle. Elle doit son nom à l'étalon dont elle est issue, un Anglo-Normand, Nonius, qui saillit des juments de diverses origines (Arabe, Holstein, Lipizzan).
Ces croisements produisirent des chevaux d'attelage, de trait léger et de selle. Au XIXe siècle, des juments Nonius furent croisées avec des Pur-Sang. Cet apport de sang créa un type de chevaux plus légers, aujourd'hui appréciés dans les sports équestres.

Extérieur La tête est belle, avec une encolure arquée et des épaules tombantes. Le dos est large, l'arrière-main très musclé, et les membres puissants.

Taille Le type léger mesure entre 1,43 et 1,53 m, le type lourd entre 1,53 et 1,62 m.

Robe Noire, brune ou baie. Taches blanches fréquentes.

Personnalité Les Nonius sont dociles et faciles à dresser. Ils mûrissent lentement et ne commencent à travailler que vers l'âge de quatre ou cinq ans, mais on peut ensuite les employer pendant de nombreuses années.

Quelle que soit leur taille, les Nonius sont généralement robustes et calmes.

Le Torik

Il s'agit d'une race de trait moyen, de type cob, développée en Estonie au XIXe siècle. Avant la création du Torik, les fermiers locaux utilisaient pour les travaux des champs les gros poneys autochtones Kleppers. C'est en cherchant à améliorer ces poneys Kleppers que l'on croisa les juments de cette race avec un étalon trotteur Norfolk du nom de Hatman, importé de Grande-Bretagne en 1894.

Ces croisements furent à l'origine de la création d'une race nouvelle, à laquelle vinrent s'adjoindre des apports de sangs très divers : trotteurs Orlov, Frisons, Prussiens de l'Est (qui deviendront plus tard les fameux Trakheners), Hanovriens, Ardennais, Pur-Sang et Pur-Sang arabes. Aux alentours de 1950, le cheval Torik constituait une race officiellement reconnue. Il en existe deux types : un cheval de selle possédant des aptitudes à l'obstacle un type un peu plus lourd, constituant un carrossier énergique.

Extérieur La tête est de taille moyenne, avec des yeux expressifs et des naseaux bien ouverts. L'encolure est musclée, le garrot large et le dos droit, un peu long. L'arrière-main est puissant, les membres sont courts, pourvus de fanons peu abondants.

Taille Environ 1,55 m.

Robe En général, alezane ou baie.

Personnalité Le Torik est doté d'un caractère stable et s'adapte bien à divers usages.

Le Torik est utilisé pour le trait léger, la selle et même l'obstacle.

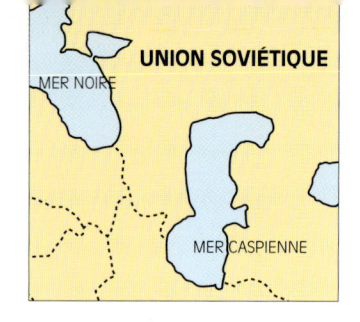

L'Akhal Teké

Ce cheval à la robe éblouissante était déjà monté par des éleveurs dans les plaines du sud de la Russie, près de la mer Caspienne, il y a deux mille cinq cents ans. Il est toujours élevé en Union soviétique.

Apparence C'est un cheval plein de distinction, à la tête bien charpentée, aux yeux expressifs et aux oreilles longues. L'Akhal Teké a une encolure élégante, un corps plutôt long avec de bons points de force. Les membres sont forts, les pieds larges, crinière et queue sont fines et soyeuses.

Taille Entre 1,40 et 1,52 m au garrot.

Robe Brillante, couleur miel doré à éclats métalliques. Des robes baies ou grises existent aussi.

Personnalité L'Akhal Teké est tout en hardiesse et vitalité. Sa souplesse et son caractère généreux en font un excellent cheval de compétition, tant en obstacle qu'en dressage. C'est une race recherchée.

L'Akhal Teké, cheval à « sang chaud », est l'une des plus vieilles races de chevaux domestiques du monde. C'est un excellent cheval de selle et il peut atteindre un prix très élevé en Russie.

Le Budienny

Le Budienny (aussi appelé Boudienny) apparut au cours des années vingt en Union soviétique. Il a été ainsi nommé en l'honneur du maréchal Boudionnyi (1883-1973), officier de cavalerie et héros de l'Armée rouge. Après la Seconde Guerre mondiale, le maréchal Boudionnyi encouragea le respect de stricts critères d'élevage afin d'obtenir un cheval de cavalerie de qualité. Des pur-sang anglais et des chevaux russes du Don furent sélectionnés et croisés pour produire la monture militaire parfaite : un cheval rapide, au tempérament calme et endurant. En 1948, le Budienny fut reconnu comme race dans le monde entier. De nos jours, les Budiennys sont élevés dans les haras du gouvernement soviétique au sud de la ville de Rostov. Les chevaux vivent en bandes, laissés en semi-liberté.

Extérieur Le Budienny a une excellente conformation d'athlète. La tête est séduisante, le corps profond et l'arrière-main bien développé. Les jambes sont longues et fines, avec des postérieurs puissants pour répondre aux exigences du sport équestre.

Taille De 1,55 à 1,65 m.

Robe En général alezane, mais parfois baie, alezan brûlé ou noire. Comme chez beaucoup de races russes, sa robe a souvent un reflet doré.

Personnalité Le Budienny est intelligent et docile. Ces deux caractéristiques, en plus de son excellente conformation, en ont fait un cheval populaire pour les sports de compétition. Il est particulièrement adapté pour les épreuves de dressage, les steeple-chases, les concours de saut d'obstacles et les épreuves d'endurance.

Le Budienny. Un bon exemple de cette athlétique race moderne produite au cours des années vingt et dont le développement doit beaucoup à la personnalité du maréchal Boudionnyi.

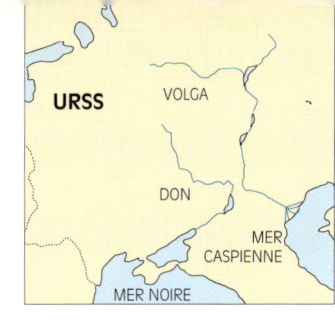

Le Don

Les chevaux de cette race russe étaient autrefois utilisés par les Cosaques de la Russie de l'Ouest. Le cheval du Don a été obtenu par le croisement de chevaux autochtones avec des animaux de gabarit plus important, de races iranienne et russe. Comme les Cosaques, ils vivaient dans des plaines sèches et herbeuses qui bordent la Volga et le Don. Les conditions climatiques y étaient rudes, avec des hivers très froids et des étés torrides.
Les chevaux s'adaptèrent aux rigueurs des saisons en développant une grande rusticité et une résistance exceptionnelle. Ces qualités firent merveille lorsque les chevaux du Don furent utilisés lors de la campagne de Russie.

En 1812, l'armée de Napoléon ayant atteint Moscou, les Français étaient près de conquérir la Russie. Mais l'approche de l'hiver força la Grande Armée à évacuer Moscou. Durant ce que l'histoire allait retenir sous le nom de « retraite de Russie », des unités cosaques, montées sur des chevaux du Don, harcelèrent les troupes de Napoléon et finirent par camper sur les Champs-Élysées. Épuisée, l'armée française avait payé un lourd tribut au terrible hiver russe, mais les vigoureux chevaux du Don survécurent à la fois au froid et à l'interminable voyage.
Au XIXe siècle, l'introduction de sang arabe et de sang anglais apporta au cheval du Don de la taille et de l'élégance, sans pour autant lui faire perdre sa rusticité naturelle. On n'eut pas besoin de procéder à d'autres croisements : le cheval du Don est aujourd'hui élevé dans toute sa pureté.

Aspect Le cheval du Don présente un modèle léger et harmonieux. Sa tête rappelle celle du pur-sang, avec un front large et de petites oreilles. L'encolure est longue et peu arquée. L'épaule est un peu droite, le dos est long, la poitrine profonde. Les jambes sont longues et robustes.

Taille De 1,58 à 1,62 m.

Robe Alezane, baie, grise. L'alezan peut avoir un reflet doré que l'on retrouve souvent dans les races russes.

Caractère Les chevaux élevés en liberté sont d'une grande énergie. Ils peuvent parcourir de longues distances et supporter des conditions climatiques extrêmes. Recherchés aujourd'hui pour les courses d'endurance, ils sont appréciés dans tous les types d'équitation. Le Don est également utilisé dans l'élevage pour améliorer d'autres races telles que le Budienny.

L'élégant cheval du Don servait de monture aux Cosaques, qui l'élevaient dans les steppes riveraines du Don et de la Volga.

Le Demi-Sang Hongrois

La Hongrie, hormis le Kladruber et le Lipizzan, produit des races de croisement et de Demi-Sang, ici regroupées sous l'appellation générique de Hongrois.
Le Demi-Sang est un cheval dont l'un des parents est de race légère et l'autre pur-sang arabe ou anglais. Les Demi-Sang Hongrois ont d'abord été élevés pour répondre aux besoins de la cavalerie militaire et pour être utilisés à de petits travaux agricoles. Ces chevaux sont de trois types. Le haras de Mezohegye a produit, à partir de la souche Furioso/North Star, un Demi-Sang portant ce nom.

Les fondateurs de la lignée ont été un Pur-Sang nommé Furioso et North Star, un trotteur du Norfolk. Depuis le début des années soixante, on a procédé à des croisements avec des Hanovriens et des Holsteins pour améliorer la race, maintenant connue sous le nom de Demi-Sang Mezohegye.
Le Kisber, qui porte le nom du haras dont il est originaire, est le plus léger des trois types. La souche d'origine était allemande, mais des croisements avec des Pur-Sang ont fait du Kisber un cheval de sport.
Le Gidran, qui tient son nom de l'étalon arabe Gidran Senior, est un Demi-Sang de type arabe. On a procédé à des croisements entre des juments locales et des étalons arabes.

EXTÉRIEUR
Les Demi-Sang hongrois diffèrent, tant par la taille que la morphologie. Ils sont généralement bien bâtis, avec des épaules et un arrière-main puissants.

TAILLE
De 1,55 m à 1,65 m.

ROBE
Couleur franche.

PERSONNALITÉ
Le Mezohegye est un parfait cheval de selle, valable pour la plupart des sports, comme le Gidran. Les Demi-Sang Hongrois sont connus pour leurs performances comme chevaux d'attelage.

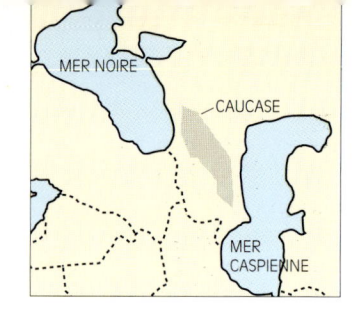

Le Kabardin

Le Kabardin est originaire du nord des montagnes du Caucase, de la région de Kabardino-Balkarie. On pense qu'il existe depuis environ quatre siècles.
Cette race fut obtenue par croisement entre des chevaux des steppes et des chevaux russes (du Karabakh), perses et turkmènes (du nord de la Turquie).
Avec ses jambes et ses pieds vigoureux, le Kabardin est bien adapté au terrain accidenté de son pays natal ; il a, en outre, un caractère docile. Il est surtout célèbre pour sa capacité à parcourir de très longues distances sur des sentiers de montagne étroits et sinueux. Il est encore aujourd'hui utilisé par les nomades comme cheval de bât et de selle.
Depuis le début du XXe siècle, on croise les Kabardins avec des Pur-Sang afin de les rendre plus élégants et plus rapides.

Extérieur La tête est étroite, avec des oreilles qui ont tendance à se recourber vers l'intérieur. L'encolure est brève, mais musclée, et les épaules sont droites. Le dos est relativement court, la croupe inclinée, et les jambes, courtes mais vigoureuses, se terminent par des pieds robustes.

Taille De 1,42 à 1,51 m.

Robe Baie, marron foncé, noire ou grise.

Personnalité Le Kabardin possède la robustesse et l'endurance exigées par les voyages longs et périlleux que les nomades lui font faire dans les montagnes du Caucase. Son croisement avec le Pur-Sang en a fait un animal particulièrement bien adapté aux courses et aux jeux équestres de sa terre natale.

Le Kabardin est utilisé à la fois comme cheval de bât et comme cheval de selle. Il est réputé pour sa capacité à travailler dans des conditions difficiles et dangereuses.

Le Karabaïr

Le Karabaïr est originaire des montagnes d'Ouzbékistan, région d'Asie centrale réputée depuis plus de deux mille ans pour ses élevages de chevaux. On ne connaît pas les origines exactes de cette race, mais on pense qu'elle est parente de l'Arabe, dont elle possède la morphologie, mais elle est plus trapue. Des chevaux mongols, ainsi que des races locales, iraniennes et turques ont été utilisés pour créer le Karabaïr. Ces chevaux se sont adaptés à l'équitation, à l'attelage et aux travaux agricoles.
Le Karabaïr a récemment été croisé avec des Pur-Sang afin de produire des chevaux destinés à des sports de compétition tels que le saut d'obstacles et le concours complet.

Extérieur Le Karabaïr a les mêmes caractéristiques physiques que l'Arabe, mais il est plus rustique. Il a une tête droite ou légèrement convexe, une encolure droite et puissante, un dos court et fort. Sa croupe est ronde, ses jambes courtes mais robustes. Crinière et queue sont peu fournies.

Taille Environ 1,50 m.

Robe Les robes grises, alezanes et baies sont les plus courantes, mais on trouve aussi d'autres couleurs.

Personnalité Comme la plupart des chevaux des régions au climat rude (montagne, désert), le Karabaïr est robuste et résistant. L'animal est également fougueux, ce qui renforce l'hypothèse de son ascendance arabe. La relative proximité géographique corrobore cette présomption.

Originaire d'Ouzbékistan, le Karabaïr possède la même morphologie et le même tempérament que l'Arabe, dont il possède sans doute un peu de sang.

Le Trotteur Orloff

Ce magnifique cheval porte le nom du créateur de sa race, le Comte russe Orloff qui commença à l'élever en 1777. Pendant de très nombreuses années, il a été le Trotteur le plus célèbre du monde. L'étalon d'origine était un Arabe qui s'appellait Smetanka. Il donna naissance à un poulain que l'on nomma Polken, lequel avec une jument Allemande engendra le fondateur de la race : Barrs. Les courses de trot étaient très populaires en Russie autour des années 1790. La première eut lieu à Moscou. Les Orloff furent d'abord élevés pour y participer, mais on les utilisait également comme chevaux de selle ou pour tirer des « troikas » (des attelages ou des traineaux à trois chevaux). Mais, avec l'arrivée du Standarbred, le célèbre cheval d'origine américaine, l'Orloff perdit son titre de cheval de trot le plus rapide du monde. En réaction on croisa certains d'entre eux avec leurs concurrents, donnant ainsi naissance au Trotteur Russe.

EXTÉRIEUR
Le Trotteur Orloff a une tête qui ressemble à celle du cheval arabe. Ses épaules sont droites mais musclées. Le poitrail est large et le corps profond sous la sangle. Le dos est relativement long, la croupe et l'arrière-train puissants. Les jambes sont particulièrement fortes.

TAILLE
De 1,52 m à 1,70 m.

PERSONNALITÉ
Le Trotteur Orloff est endurant et résistant. Il a une très longue durée de vie. Aujourd'hui on le fait toujours courir mais on l'utilise également comme souche fondatrice.

MOSCOU RUSSIE

Le Trotteur Orloff était autrefois le premier trotteur du monde. Aujourd'hui en raison de ses qualités, il sert à améliorer les autres races.

HONGRIE

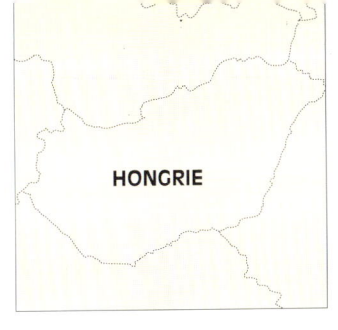

Le Shagya

Le Shagya est un cheval hongrois de type arabe. Il tire son nom d'un étalon, né en Syrie en 1830, qui fut acheté par des Hongrois qui l'amenèrent au haras de Babolna, où il couvrit des juments nées dans le pays, mais d'ascendance arabe. Au fil des années, une soigneuse sélection obtenue par des croisements consanguins entre les premiers produits donna une race de chevaux petits mais solides, possédant l'élégance et l'endurance de leurs ancêtres arabes. De nos jours, on les élève comme chevaux de sport et de selle. Beaucoup sont exportés.

Extérieur Le modèle est très proche de celui de l'Arabe, mais de conformation un peu plus massive.

Taille De 1,45 à 1,55 m.

Robe Habituellement grise, elle peut être de toutes les couleurs admises chez l'Arabe.

Personnalité Le Shagya est un cheval allant, courageux et d'une grande vigueur.

Le Shagya est une race née au XIXe siècle, dont le sang arabe est largement dominant.

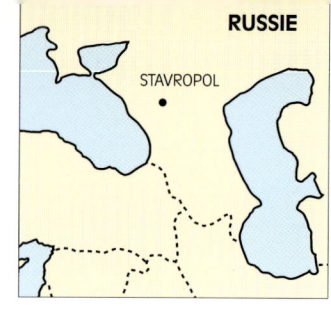

Le Tersk

Cette race a été principalement obtenue à partir du Strelet, cheval russe proche de l'Arabe. Dans le but de conserver les précieuses qualités de cette race en voie d'extinction, on regroupa les derniers spécimens de chevaux Strelet dans les haras de Tersk, à Stavropol, dans les monts Caucase. On croisa ces chevaux avec des Pur-Sang arabes, des Kabardins et des chevaux du Don.

En 1948, le Tersk pouvait être considéré comme une race distincte, qui avait pris le nom du haras où elle fut constituée. C'étaient des chevaux très proches des anciens Strelets, endurants, robustes et de constitution athlétique. Aujourd'hui, les chevaux de Tersk se mesurent en course avec des Pur-Sang arabes. Ils constituent d'excellents chevaux d'endurance, s'attellent très bien et sont aussi de merveilleux chevaux de cirque. Par ailleurs, ils sont utilisés dans les croisements pour améliorer d'autres races de chevaux de selle.

Extérieur Le Tersk a une tête moyenne et une encolure longue. L'épaule est bien oblique, et le dos un peu long. La poitrine est profonde, l'arrière-main bien développé.

Taille De 1,50 m à 1,55 m.

Robe Le plus souvent grise, mais on trouve aussi du bai et de l'alezan.

Personnalité Le Tersk a bon caractère et est loyal.

Le Tersk est un cheval élégant, de type longiligne. Comme le Strelet, une race aujourd'hui disparue dont il est issu, le Tersk possède de grandes qualités d'endurance.

POLOGNE

Le Wielkopolsk

Le Wielkopolsk est l'une des plus célèbres races polonaises. Elle a pour origine l'alliance de deux races de chevaux de selle polonais issues du Trakehner, le Poznan et le Mazury. D'abord destiné aux travaux agricoles, le Wielkopolsk est aujourd'hui également apprécié en compétition internationale. Cette race fait actuellement l'objet d'un élevage dans treize haras polonais ainsi que dans des établissements privés.

Extérieur Le Wielkopolsk est un cheval vigoureux. Les jambes sont musclées, avec des canons courts, ce qui en fait un bon cheval de selle. La physionomie est intelligente, l'encolure bien sortie.

Taille De 1,60 m à 1,65 m.

Robe Généralement alezane, mais parfois baie, noire ou grise.

Personnalité Le Wielkopolsk est doux, courageux et intelligent.

Le Wielkopolsk est très apprécié comme cheval de selle et d'attelage.

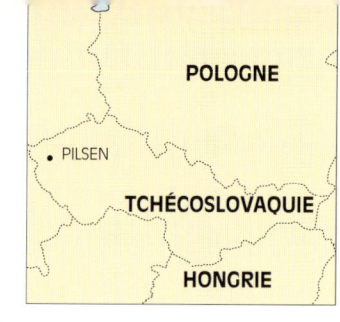

Le Kladruber

Le Kladruber doit son nom au haras de Kladruby, près de Pilsen, en Tchécoslovaquie. Ce haras fut fondé au XVIe siècle et c'est le plus ancien haras du monde encore en activité. Son but était de développer des chevaux d'attelage pour l'Empire austro-hongrois. Les premiers chevaux à être importés au haras de Kladruby furent des Andalous. Croisés avec des Barbes, des arabes turcs et des chevaux autochtones, ils constituèrent les souches des Kladrubers d'aujourd'hui. Le Lipizzan joua également un rôle dans la constitution de la race. À la fin de la Seconde Guerre mondiale, les effectifs de la race Kladruber avaient chuté. On chercha à redévelopper la race en l'améliorant. Des croisements furent réalisés avec des Oldenbourgs, des Hanovriens et des Anglo-Normands. Aujourd'hui, on produit des Kladrubers ayant deux robes différentes : des grises et des noires.

Extérieur Le Kladruber ressemble beaucoup à l'Andalou et au Lipizzan. Le profil est convexe avec de grands yeux brillants. L'encolure est puissante et arquée, greffée sur des épaules bien obliques. Le corps est un peu long, mais l'arrière-main et les membres sont forts.

Robe Uniquement grise ou noire.

Taille De 1,65 à 1,70 m.

Personnalité Le Kladruber est gentil et intelligent. Sa force, alliée à sa docilité, en fait un cheval d'attelage idéal et sûr. Le Kladruber est, de plus, utilisé pour les travaux de petite polyculture et aussi pour la production de chevaux de selle.

Le Kladruber est un cheval fort et noble, qui a été sélectionné pour l'attelage. Les premiers Kladrubers furent élevés au haras de Kladruby, le plus ancien haras du monde à être encore en activité de nos jours.

Le Vladimir

RUSSIE — VLADIMIR, MOSCOU

Le Vladimir est une race créée voilà peu dans la région du même nom, non loin de Moscou. À la fin du XIXe siècle, des sujets furent importés de France et d'Angleterre pour améliorer les chevaux de trait. Il s'agissait de Percherons, d'Ardennais, de Suffolks et de Shires. Le Vladimir fut fixé, après de nombreux croisements, vers 1950.

Extérieur La tête est large et le nez busqué. Le cou est long et musculeux, l'arrière-main large et la croupe avalée.

Taille De 1,50 m à 1,60 m.

Robe Le plus souvent bai. Toutes les couleurs unies.

Personnalité Le Vladimir est vif, mais facile à manier et d'un caractère conciliant.

Les solides jambes du Vladimir sont dotées de fanons.

IX

A CHACUN SON TALENT

AU TRAVAIL DANS LES PLAINES

Le monde du cheval

Dans de nombreuses régions d'Australie, les chevaux sont employés à la surveillance du bétail et aux déplacements des éleveurs dans les grands espaces autour de chaque ranch. Les chevaux s'accommodent parfaitement de cette tâche en terrain difficile et sont également habiles à la conduite des troupeaux.

AU RANCH

Le travail au ranch exige beaucoup des chevaux gardiens de troupeaux et de leurs cavaliers. La végétation en Australie étant clairsemée, alternant zones désertiques et zones plus verdoyantes, le bétail pâture sur de vastes étendues. Le rassemblement

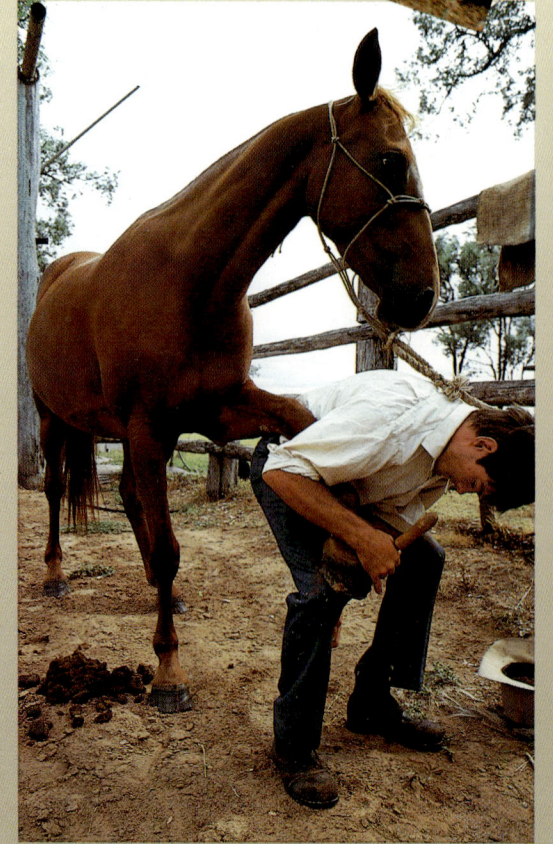

▲ **Cheval et cavalier** doivent travailler en équipe. Pour le travail du bétail au lasso, les chevaux sont dressés et entraînés à réagir très vite à la moindre sollicitation.

▶ **Les chevaux** n'ont pas besoin d'être ferrés, mais leurs sabots sont contrôlés régulièrement et parés avant de partir au travail.

AUSTRALIENNES

du troupeau peut prendre jusqu'à deux mois. Les chevaux sont très endurants pour travailler de la sorte sur de longues distances et se contenter d'une alimentation constituée seulement d'herbe. En hiver, leur régime alimentaire est complété par du foin.

La solidité de leurs pieds est importante car les chevaux ne sont pas ferrés. Mettant toute leur confiance en leurs chevaux dont les pieds sont sûrs, les cavaliers peuvent ainsi se consacrer aux tâches manuelles et laissent à leurs montures le soin de veiller à la présence des trous ou autres accidents de terrain.

Les conducteurs de troupeau pratiquent une équitation de style américain qui est adaptée aux déplacements sur de longues distances. Genouillères et étrivières longues aident à supporter ces journées fatigantes dans une selle américaine, plus confortable que la classique selle anglaise. Les rênes fines sont tenues dans une main et le cheval est guidé en agissant avec les rênes sur l'encolure. Tout en utilisant les aides des jambes, le cavalier agit par action de rênes d'appui sur l'encolure selon la direction où il souhaite aller. Les chevaux sont entraînés à répondre avec le minimum de guidage de la part du cavalier.

Les conducteurs de troupeaux montent avec un sang-froid légendaire. Les chevaux qui ont acquis un véritable « instinct du bétail » et qui sont capables d'anticiper le mouvement imminent d'un bouvillon sont très prisés par les cavaliers.

TECHNIQUES DE TRAVAIL

L'une des tâches que l'on peut demander au cheval gardien de troupeau est la séparation d'un bouvillon du troupeau. Quelquefois, l'éle-

RACES IMPORTÉES

Le cheval n'est pas originaire d'Australie mais a été importé par les colons. Les premiers chevaux sont arrivés par bateau le 26 janvier 1788, et bien que la plupart n'aient pas survécu au voyage, un étalon, quatre juments et quelques pouliches furent rescapés. D'autres convoyages de chevaux de différentes races suivirent : Arabes, Barbes, petits poneys Basuto originaires d'Afrique, ainsi que des pur-sang et des chevaux lourds des élevages anglais. Un autre cheval, le Quarter Horse, cheval américain, fut importé dans les années 1830. Son nom lui vient du fait qu'il courait des épreuves d'un quart de mile.

◀ **Le cheval australien** gardien de troupeau, le Waler, est le résultat de croisements. Sa taille est comprise entre 1,50 et 1,60 m. Il a une conformation légère mais solide. Cette race est ainsi nommée du fait de son élevage originaire de la Nouvelle-Galles du Sud.

CHANTS POPULAIRES ET LIBERTÉ
Les chevaux sauvages d'Australie, les Brumbies, descendent des chevaux utilisés par les premiers colons. Quelques uns s'échappèrent des fermes ou bien furent mis en liberté lorsque leurs propriétaires n'en avaient plus besoin. Aujourd'hui, il y a encore des Brumbies à l'état sauvage. Pour en capturer un, il faut utiliser du sel comme appât car les chevaux sauvages en manquent. Les chants populaires comportent des paroles qui évoquent la liberté des Brumbies, ainsi ce couplet extrait de la chanson « Brumby Jack » :

« Vois ce nuage de poussière sur la plaine,
Écoute le bruit de la pluie qui tombe,
Sabots étincelants et têtes fières.
Les Brumbies galopent dans le bush...
De la montagne à la plaine au lointain,
Ici et là-bas et de retour encore.
Ils battent la campagne sauvages et libres,
Parce que c'est le destin qu'ils ont choisi ».

▶ **L'étendue des pâturages luxuriants** où le troupeau australien broute rend le cheval indispensable pour le rassembler. Des chiens participent également à ce travail. Ils suivent la trace des chevaux et peuvent ainsi se frayer un chemin à travers les hautes herbes !

162

veur sélectionne le cheval dans le troupeau pour le vacciner, le tatouer ou le mettre en quarantaine s'il est malade. Isoler le bouvillon nécessite une manœuvre appelée « cutting in » (tri des bestiaux). Deux conducteurs de troupeau forment une équipe : leurs chevaux sont entraînés à prendre le bouvillon en tenaille. L'un des cavaliers lance son lasso sur son encolure tandis que l'autre met l'animal à terre en prenant à son tour ses membres au lasso.

Un bon cheval de ranch est aussi dressé à rester immobile les rênes longues. C'est important dans des régions où il y a peu de chances de pouvoir attacher un cheval quelque part.

Le rassemblement des troupeaux implique des petits galops alternant avec de longues marches au pas et non de grandes calvacades à en perdre le souffle. Le bétail ainsi « poussé » au travers de ces vastes étendues conserve une bonne partie de son poids. Ce dernier facteur est crucial. Au moment de la vente, il détermine un bénéfice ou une perte pour l'éleveur.

▶ **Sur de longues distances**, il est important de savoir où se trouvent les points d'eau pour que les chevaux et le bétail se désaltèrent.

▼ **Dans de telles étendues**, le rassemblement du bétail est un travail qui exige de l'adresse. Un gardien mène le troupeau tandis que les autres restent à l'arrière pour le garder sous contrôle et surveiller les animaux égarés..

LES CAVALIERS DE MONGOLIE

LE MONDE DU CHEVAL

En Mongolie, la vie serait impossible sans chevaux. Ces derniers sont plus nombreux que les hommes dans ce pays d'Asie centrale, situé entre la Chine et l'Union soviétique. Les Mongols sont traditionnellement un peuple nomade, et le cheval leur a toujours été nécessaire.

LES CHEVAUX DANS L'HISTOIRE DU PAYS

Dans ces régions, les chevaux, depuis des siècles, ont été utilisés pour garder les moutons et les chèvres et pour rassembler le bétail (qui comprend aussi des chameaux). Les gardiens de bétail entraînent leurs chevaux à être aussi maniables que leurs chiens.

Les Mongols attachent beaucoup de prix à leurs montures, et ils considèrent que la valeur d'un cheval équivaut à celle de sept moutons, de quatorze chèvres, atteignant la moitié de la valeur d'un chameau !

DOMESTIQUES ET SAUVAGES

Les chevaux mongols constituent une race distincte. Leurs allures sont confortables et rasantes. Les chevaux qu'utilisent les gardiens sont domestiqués. D'autres sont restés à l'état sauvage.

Les chevaux domestiqués vivent dehors toute l'année, en troupeaux. Au printemps, ils se scindent en groupes comportant de dix à trente juments, gardées par un étalon. Mais ils s'adapteraient mal au séjour en écurie : ils n'ont jamais vu un toit !

Les Mongols ne donnent pas de nom à leurs chevaux, qu'ils ne considèrent pas comme des animaux de compagnie et avec lesquels ils n'ont qu'une relation fondée sur le travail.

Ce qui n'empêche pas les gardiens de bien traiter leurs chevaux. Ils les laissent vaguer librement autour des camps, car ces animaux ont besoin de grands espaces pour paître. Si l'herbe

▼ **Les chevaux vivent en liberté** jusqu'au moment où se fait sentir le besoin de monture. Le cheval est alors retiré du troupeau. Pour cela, l'homme l'attrape au moyen d'une longue lanière en cuir fixée à une perche en bouleau de 4,5 m de long.

manque en un point, cette race rustique peut se contenter d'une nourriture pauvre, comme les buissons que broutent les chameaux.

Les chevaux sauvages de Mongolie sont de robe isabelle avec crinière et queue noires. Ils sont plus petits que les chevaux domestiqués, mais d'un modèle plus lourd. Des efforts sont actuellement entrepris pour réintroduire des troupeaux sauvages dans certaines régions du pays. Ce qui n'est pas sans poser quelques problèmes, ces chevaux se montrant méfiants et inquiets dès qu'ils se trouvent dans un environnement inconnu.

Les chevaux domestiqués, comme ceux qui sont restés sauvages, savent se débrouiller pour vivre sous ce climat rude. Il s'agit de régions où les écarts de température sont extrêmes. Lorsque le froid s'annonce, les chevaux se déplacent en altitude pour aller là où la présence de la neige leur garantira la possibilité de boire. Ces chevaux exceptionnellement solides survivent à des conditions de vie que d'autres races ne pourraient pas supporter.

LES CAVALIERS

Les gardiens de troupeaux mongols ne ferrent pas leurs chevaux, sauf dans les régions montagneuses. La Mongolie n'est desservie que par peu de routes, et la plupart des transports s'effectuent sur des pistes sommaires. Les chevaux peuvent couvrir près de 100 kilomètres par jour. Après deux jours d'un tel travail, ils sont mis au repos pour deux semaines.

Les cavaliers portent des bottes en feutre sans talon et utilisent de courtes cravaches. Ils

▼ **En Mongolie**, même les chevaux apprivoisés mènent un existence à demi sauvage. Durant la saison des amours, les étalons se battent, même au milieu du troupeau, pour conquérir les juments.

▶ **Ce jeune cavalier** montre bien l'aisance en selle des cavaliers mongols. Remarquez la queue du cheval, attachée pour ne pas gêner les mouvements. Malgré leur modèle peu intéressant, les chevaux domestiqués de Mongolie sont robustes et ont du sang.

▼ **Les chevaux domestiques** peuvent avoir différentes robes : grise, baie et bai-brun, alezane. Cette variété provient de croisements avec des chevaux russes.

se servent de petites selles à arçons en bois, avec des étriers plats. La selle est doublée d'une matelassure en feutre pour éviter de blesser le dos du cheval.

Pour les jours de fête, lorsque les cavaliers veulent se mettre en valeur, ils utilisent des selles décorées qui possèdent des quartiers doublés de feutre et ornés d'argent.

LE FESTIVAL DES ENFANTS

Les courses de chevaux constituent un sport national en Mongolie. Seuls les enfants participent à ces courses annuelles, qui ont lieu le 11 juin, jour de la fête nationale. Un village provisoire, comprenant des centaines de tentes, se dresse dans les faubourgs de la capitale. La population vient de tous les coins du pays pour admirer la course ou y participer.

Il peut y avoir jusqu'à mille trois cents partants dans ces courses. Les épreuves se divisent en six catégories correspondant aux tranches d'âge des chevaux. Les plus jeunes ont deux ans et courent sur 15 kilomètres. Les plus âgés ont douze ans et courent sur 30 kilomètres. Les pistes ne sont pas spécialement aménagées ni balisées, et le parcours, très montagneux, comporte des passages de ravins et des montées abruptes.

Les cavaliers se groupent sur la ligne de départ, formant des cercles et chantant pour s'encourager et stimuler leurs chevaux. Leurs vêtements, très colorés, sont ornés dans le dos d'effigies de faucons ou de papillons, évoquant la légèreté et la vitesse des chevaux. Les éléments de harnachement, le tapis de selle et même... la brosse de pansage sont aussi décorés !

Les vainqueurs se voient offrir des petits bols remplis de koumis, une boisson à base de lait de jument. Ils en versent un peu sur la tête et la croupe de leur cheval, avant de s'en régaler. Ensuite se déroule la cérémonie de remise des médailles aux gagnants.

▼ **Les enfants s'alignent pour les éliminatoires,** espérant être sélectionnés pour les courses qui se tiennent chaque année le jour de la fête nationale mongole. Les brides sont d'un modèle simple, mais cousues à la main.

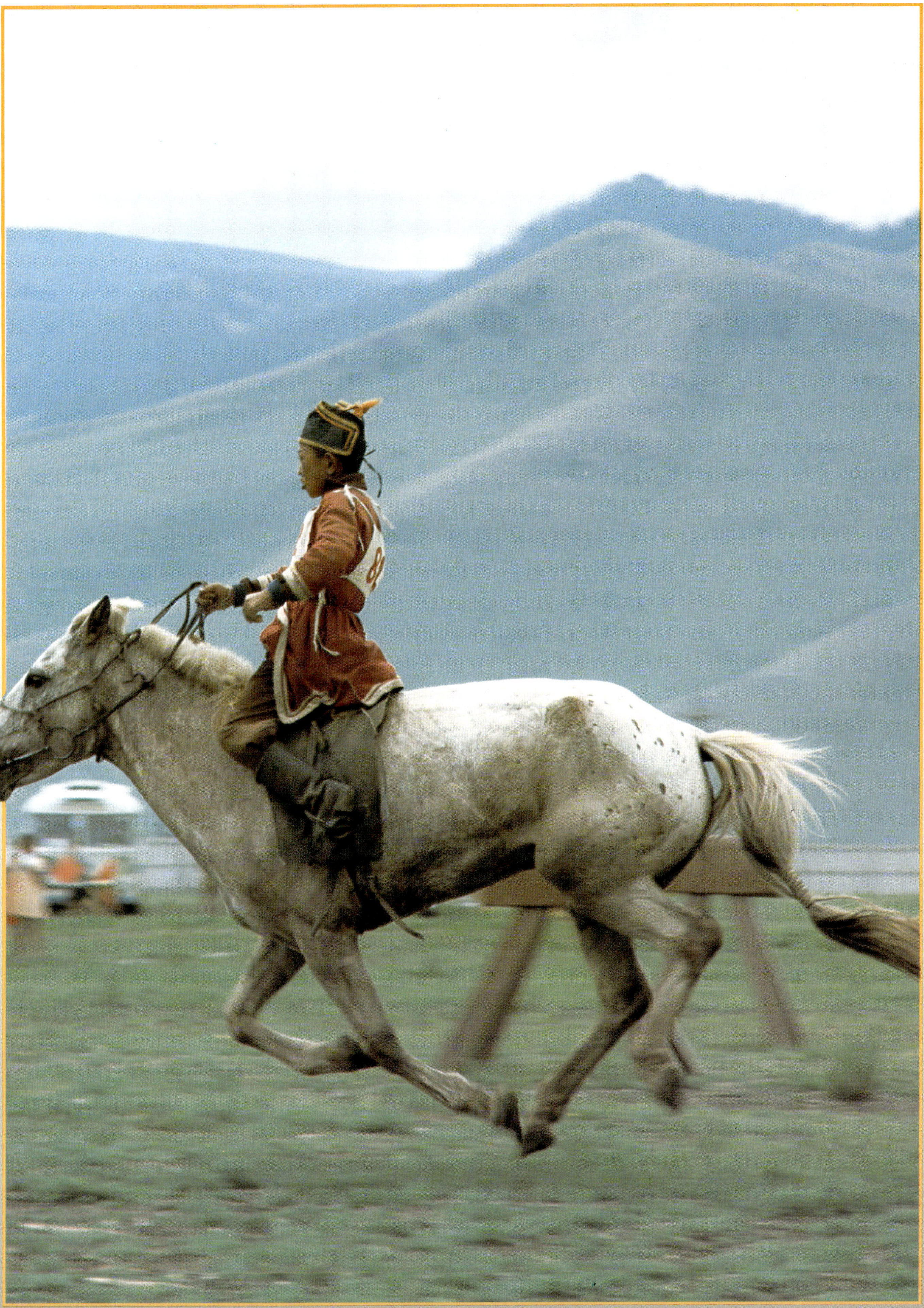

LE MONDE DU CHEVAL

LE GRAND NATIONAL

L'audacieux sport qu'est le steeple-chase vient de la tradition de la chasse à courre. Dans la campagne anglaise, depuis le milieu du XVIIIe siècle, les champs étaient bordés de haies et de clôtures que les chasseurs devaient franchir. Des cavaliers voulant tester qui des « sauteurs » ou des chasseurs étaient les plus rapides organisèrent des courses entre les repères les plus visibles — les clochers des églises.

QUATRE POUR UN LIT
Ce genre de course fut baptisé steeple-chase, et la plus spectaculaire est sans conteste le Grand National.

Il eut lieu pour la première fois en 1839, à Aintree, près de Liverpool, et attira une telle foule que, dans les hôtels, quatre clients dormaient dans le même lit!

Les dix-sept partants parcouraient un peu plus de 6 kilomètres à travers champs, franchissant de petits talus, deux barrières à moutons et trois obstacles de taille : un mur et deux ruisseaux.

De nos jours, le Grand National se court chaque printemps sur l'hippodrome d'Aintree, et les cavaliers sont en majorité des jockeys professionnels.

UNE DOSE DE CHANCE
Outre la forme physique, la résistance et le « cœur » indispensables pour gagner un Grand National, la chance a aussi une part importante. Les chevaux les moins attendus ont passé la ligne en vainqueur alors que certains des meilleurs manquaient leur course. Dick Francis était un jockey de premier plan avant de devenir auteur de romans. En 1956, il participait au finish d'un terrible Grand National, quand, soudain, son cheval sauta un « obstacle fantôme ». Le cheval se faucha à la réception et lui tomba, à la grande déception de son propriétaire, la reine mère. En 1967, un outsider nommé Foinavon dut sa victoire au fait d'être assez loin derrière un carambolage de vingt-huit chevaux pour éviter le désastre.

INVRAISEMBLABLES VAINQUEURS
Certains chevaux, contre toute attente, devinrent des vainqueurs légendaires. Red Rum fut acheté à vil prix au marché de Dublin et semblait, au premier coup d'œil, être un boiteux chronique. Malgré tout, il gagna trois fois le Grand National : en 1973, en 1974 et en 1977, et détient le record de la course en 9 mn, 1 s et 9/10.

La course de 1981 vit d'autres grands gagnants. Par exemple, Bob Champion amena Aldaniti à l'une des plus émouvantes et des plus populaires victoires de l'histoire d'Aintree. À cause de problèmes de tendons, la carrière d'Aldaniti tirait à sa fin, et Bob Champion venait juste de vaincre son cancer.

Bob voulait prouver, en gagnant, qu'il y a toujours un espoir et que toute bataille peut être gagnée.

▶ **Le premier steeple-chase** aurait eu lieu en 1803 : de jeunes officiers se défièrent dans une course au clair de lune, vêtus d'un pyjama sur leur uniforme et d'un bonnet de nuit.

PAS COMMODE, LA PISTE!

Le cheval doit être courageux, franc et sûr. Il doit passer trente énormes obstacles et galoper sur une piste épuisante de 7 kilomètres, soit à peu près 1,5 kilomètre de plus que les autres steeple-chases.

La course comporte deux fois le parcours du circuit d'Aintree : seize obstacles jalonnent le premier tour et, au deuxième, deux sont évités: *The Chair* (la chaise) et *Water Jump* (le saut de la rivière). Il peut y avoir jusqu'à quarante chevaux sur la piste du Grand National, et les chevaux sans cavalier galopant vers l'arrivée représentent un risque supplémentaire.

UN SPORT DE PASSIONNÉS

Contrairement aux courses de plat, les steeple-chases ne rapportent guère aux jockeys, entraîneurs ou propriétaires. On ne peut

◀ **Les chevaux** sont rassemblés pour le départ. Il y a peu de temps encore, seuls les gagnants d'une certaine somme, en prix, étaient qualifiés.

donc pas accuser ceux qui y participent, quel que soit leur rôle, d'être motivés par l'appât du gain. Leur plus belle récompense est d'avoir gagné l'épreuve la plus prestigieuse du monde hippique. Le prix du Derby, par exemple, est cinq fois plus élevé que celui du Grand National.

Mais il y a plus d'une récompense à Aintree : le lad du gagnant et celui du cheval le mieux présenté reçoivent chacun une somme d'argent et un grelot de harnais en souvenir.

MESDAMES LES JOCKEYS
Plusieurs cavalières ont participé au Grand National, et Geraldine Rees fut la première à terminer la course : en 1982, elle arriva huitième, sur Cheers. Et on attend toujours l'héroïque cavalière étrangère qui battra ce record britannique.

▼ **En course**, le but est de faire le parcours et de gagner. Au Grand National, finir le parcours est déjà un défi.

Galerie de champions

◀ **Red Rum**, champion de légende, détient le record de vitesse sur le Grand National. En 1977, à l'âge de douze ans, il avait participé à plus de quatre-vingt-dix courses et passé cent cinquante obstacles d'Aintree sans tomber.

▶ **Rhyme'n'Reason** gagna le National en 1988, monté par Brendan Powell. Ce cheval est remarquable par sa robustesse. Il a aussi gagné le Grand National d'Irlande : cette course a lieu une semaine après celle d'Angleterre, à Fairyhouse, près de Dublin.

◀ **Corbière** gagna le National en 1983. Pourtant, son galop d'éléphant ne laissait pas pressentir le champion. C'est au pré, lors de l'été de ses cinq ans, que son potentiel fut découvert : il sautait les haies pour rejoindre les pouliches dans les prés voisins. Jenny Pitman prit alors Corbière en main et devint la première femme entraîneur d'un gagnant du National.

Le fin du fin de l'obstacle

Il faut huit mois pour construire les remarquables obstacles d'Aintree. Certaines haies ont, avec le temps, pris racine sur la piste. Leur structure est faite de solides arbustes dont les branches épineuses sont couvertes, un mois avant la course, de broussailles tendres. Vingt camions sont nécessaires pour amener tous ces matériaux.
Le côté « appel » de l'obstacle s'élève en arrondi pour faciliter le passage du sommet. Avant la course, des spécialistes contrôlent tous les obstacles pour s'assurer qu'ils ne représentent aucun risque pour les chevaux et les jockeys. Des micros cachés dans chaque obstacle permettent de transmettre, avec les images télévisées, le bruit de tonnerre des sabots.

Virage du canal : 1,50 m de hauteur et 0,99 m de largeur. Les chevaux tournent de 90 degrés à gauche, immédiatement après l'obstacle.

Haie de sapins : 1,47 m de hauteur et 0,90 m de largeur.

lac

Haie d'ajoncs : 1,50 m de hauteur et 0,90 m de largeur.

Valentine's Brook : 1,50 m de hauteur et 1,65 m de largeur et comprenant un fossé.

Haie d'ajoncs : 1,50 m de hauteur et 1,65 m de largeur et comprenant un fossé.

Haie de sapins : 1,50 m de hauteur et 2,75 m de largeur et comprenant un fossé.

Enclos central

Haie d'ajoncs : 1,40 m de longueur et 0,90 m de hauteur.

Haie de sapins : 1,40 m de hauteur et 0,90 m de largeur.

◀ **The Chair** : obstacle haut de 1,55 m et large de 2,95 m, comprenant un fossé. Les jockeys le considèrent comme l'obstacle le plus difficile : ils le décrivent comme une énorme gueule prête à les avaler.

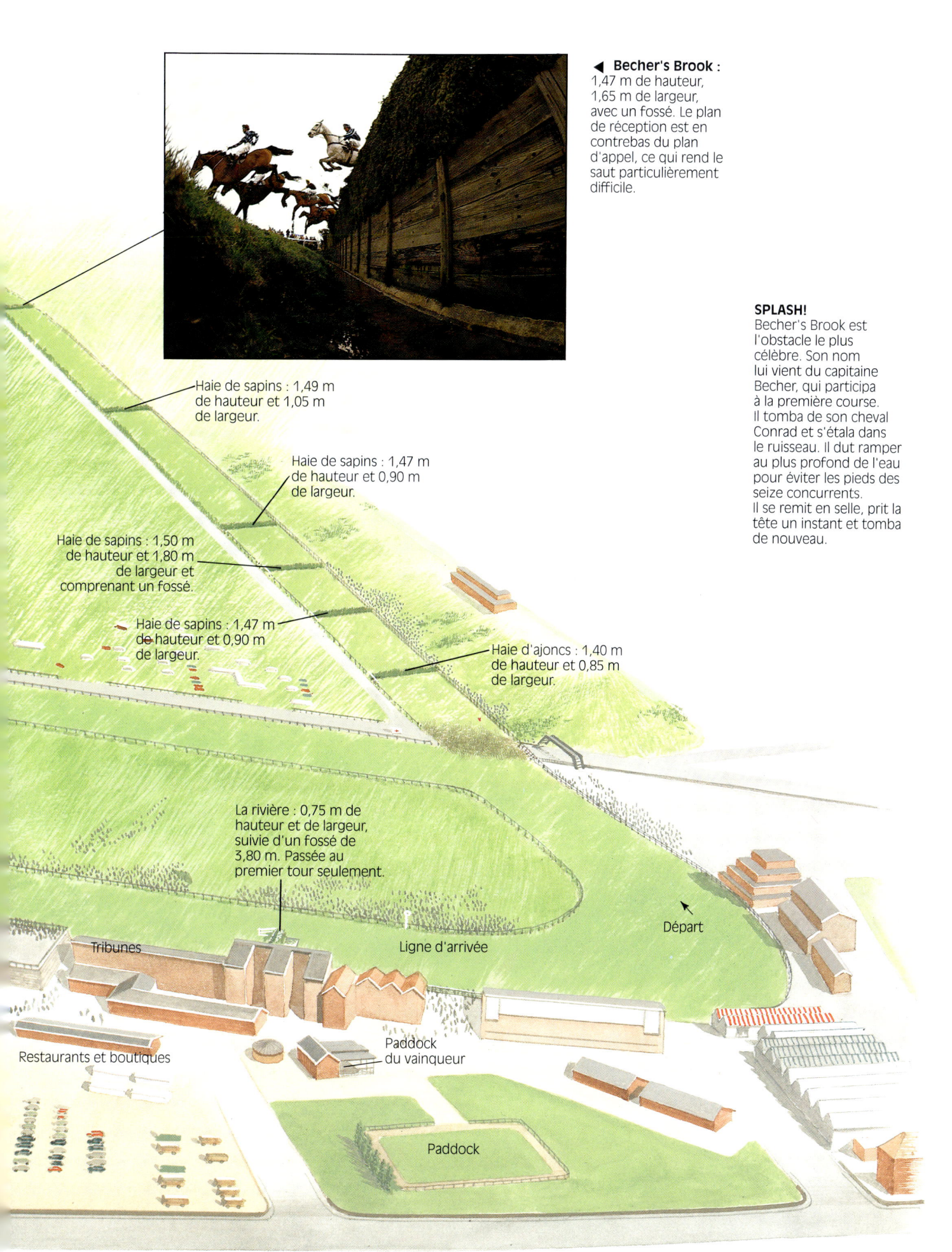

◀ **Becher's Brook :** 1,47 m de hauteur, 1,65 m de largeur, avec un fossé. Le plan de réception est en contrebas du plan d'appel, ce qui rend le saut particulièrement difficile.

SPLASH!
Becher's Brook est l'obstacle le plus célèbre. Son nom lui vient du capitaine Becher, qui participa à la première course. Il tomba de son cheval Conrad et s'étala dans le ruisseau. Il dut ramper au plus profond de l'eau pour éviter les pieds des seize concurrents. Il se remit en selle, prit la tête un instant et tomba de nouveau.

Haie de sapins : 1,49 m de hauteur et 1,05 m de largeur.

Haie de sapins : 1,47 m de hauteur et 0,90 m de largeur.

Haie de sapins : 1,50 m de hauteur et 1,80 m de largeur et comprenant un fossé.

Haie de sapins : 1,47 m de hauteur et 0,90 m de largeur.

Haie d'ajoncs : 1,40 m de hauteur et 0,85 m de largeur.

La rivière : 0,75 m de hauteur et de largeur, suivie d'un fossé de 3,80 m. Passée au premier tour seulement.

Départ

Tribunes

Ligne d'arrivée

Paddock du vainqueur

Restaurants et boutiques

Paddock

LE MONDE DU CHEVAL

ALLURES RUSSES

Conçue en Russie pour allier la grâce à la vitesse, la troïka est un spectaculaire attelage de trois chevaux tirant un traîneau ou une voiture. Connaissant toujours un vif succès auprès des touristes, elle est aussi une figure à part entière de la littérature paysanne et du folklore russes.

HARMONIE ET ÉLÉGANCE

La troïka est un élégant moyen de voyager, mais elle se mène de façon bien particulière.

Trois chevaux sont attelés côte à côte. Ceux qui sont placés à l'extérieur, menés au galop, sont généralement des chevaux de selle ordinaires. Le cheval central doit se tenir à un trot très rapide pour suivre le mouvement et, en conséquence, appartient toujours à une race de trotteurs.

L'emploi de trois chevaux a donné son nom à l'attelage, puisque « troïka » est un dérivé du mot russe signifiant « trois ». Il est

◀ **Une version à quatre chevaux** de la troïka demande encore plus d'adresse de la part du cocher. Les deux chevaux d'extérieur doivent calquer leur allure sur celle de la paire centrale.

Sur la neige avec fougue

La saisissante rapidité d'une troïka a inspiré des écrivains et des artistes. Un auteur russe a écrit : « Ô chevaux, chevaux ! Des tourbillons de vent ne se cachent-ils pas dans vos crinières ? » Et cette théâtrale illustration est parue dans un magazine en 1877.

probable que la troïka fut d'abord utilisée au temps de l'empereur Pierre le Grand, qui régna sur la Russie à la fin du XVIIe siècle et au début du XVIIIe. L'empereur est à l'origine de la mode des séjours à la campagne. Suivant son exemple, à la belle saison, les familles nobles se déplaçaient en troïka avec armes et bagages, pour rejoindre leurs propriétés rurales.

LE DIFFICILE ENTRAÎNEMENT DE L'ATTELAGE

Préparer une troïka demande de la compétence. Pour produire le meilleur effet, il est souhaitable que les chevaux soient de couleur identique. Mais, plus important, ils doivent aussi s'entendre pour ce qui est du train et du caractère, de manière à aller vite et à l'unisson.

Plus d'un an peut se révéler nécessaire pour entraîner un attelage. Le cheval central fournit les plus gros efforts de traction. Il court entre des brancards, attelé comme s'il était seul. Les chevaux de l'extérieur sont reliés au traîneau et au cheval central — sur lequel ils doivent calquer leur allure — par des traits en cuir.

Aller bon train est la seule façon de se maintenir échauffé dans le froid piquant des hivers russes, aussi le cocher veille-t-il à conserver les chevaux très actifs. Les passagers se tiennent au chaud sous des monceaux de couvertures.

◀ **Une promenade en troïka** est, à Moscou, un divertissement prisé des touristes. Les courses de troïkas, qui ont lieu dans cette ville durant le festival d'hiver, attirent chaque année un vaste public.

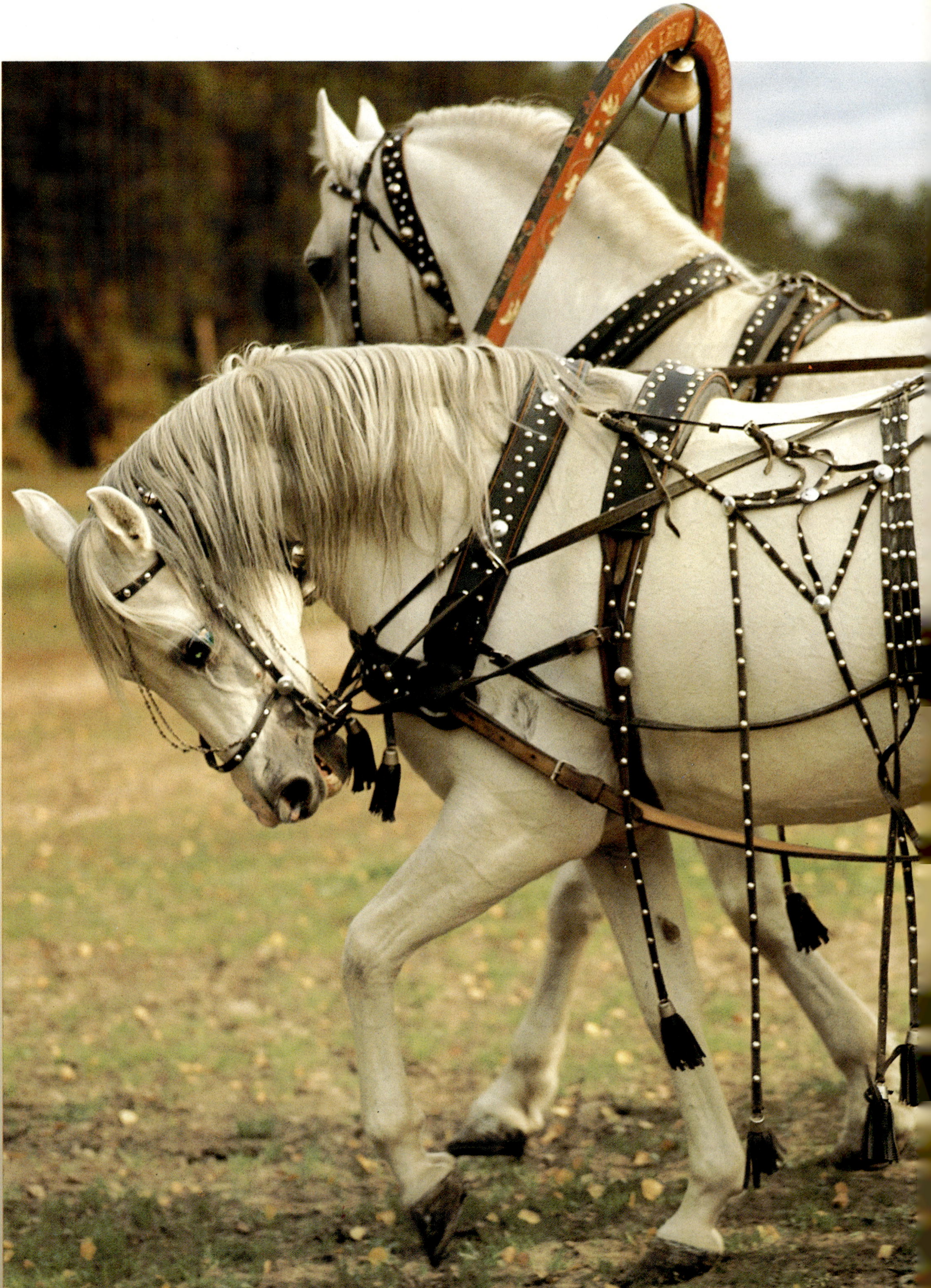

◀ **Le harnais de ces Trotteurs Orlov**, formant une parfaite équipe, est décoré de clous d'argent et de glands. Le trait reliant le collier au brancard repose sur un support en forme d'étrier.

PUISSANCE AU TROT
Les Trotteurs Orlov comptent parmi les chevaux russes les plus célèbres. Ils tiennent leur nom du comte Orlov, qui créa la race en 1777. Leurs qualités d'endurance et de courage ont toujours fait d'eux des chevaux de selle et d'attelage appréciés, et des sujets recherchés pour tirer les troïkas.
Autrefois, ces mêmes qualités les ont fait choisir pour participer à des courses attelées, et vers la fin du XIXe siècle, l'Orlov était considéré comme le roi des trotteurs.

LA DUGA
Les artisans sont fiers de décorer une troïka. Le joug en bois porté par le cheval central, appelé duga, est peint de couleurs vives et pourvu d'une cloche en son centre.

LE MONDE DU CHEVAL

LE TOURBILLON SIENNOIS

La ville italienne de Sienne, en Toscane, est très fière de ses courses annuelles de chevaux, connues sous le nom de Palio. Ce mot signifie « bannière » en italien. Il sert à désigner la course : une bannière en soie peinte, qui constitue le trophée, est remise au vainqueur.

TIRAGES AU SORT
Deux grandes courses ont lieu à Sienne tous les ans, l'une le 2 juillet et l'autre le 16 août.

L'entraînement pour le Palio commence plusieurs mois à l'avance. Les propriétaires testent l'endurance de leurs chevaux, et les cavaliers s'entraînent dans la campagne des environs de Sienne. Avant qu'un cheval ne soit choisi pour courir le Palio, il doit participer à d'autres épreuves publiques.

Sienne comprend dix-sept quartiers, les contrade, et chacune de ces contrade espère pouvoir engager un cheval dans le Palio. La course se déroule autour de l'ancienne place de la ville, la piazza, mais la piste n'a jamais été élargie, et elle est juste assez grande pour que dix chevaux s'y affrontent sans risque. Vingt jours avant le Palio, un tirage au sort désigne donc les quartiers qui prendront part à la course. Un autre tirage au sort décide du cheval que chaque quartier fera courir, ainsi que sa position sur la ligne de départ.

LE PREMIER PALIO
On pense que les courses de Sienne ont pour origine des compétitions qui se déroulaient au Moyen Age dans la cité et aux alentours. Le premier Palio fut organisé en l'honneur d'un duc qui séjournait dans la ville, et encore aujourd'hui, un Palio spécial marque la visite d'un hôte de marque.

Le prince Matthias de Médicis fut gouverneur de Sienne entre 1629 et 1667. Il possédait une écurie de chevaux barbes d'Afrique du Nord, race dont il admirait la rapidité. Il se passionnait pour le Palio et autorisait les contrade à utiliser ses chevaux pour la course.

Chaque contrada possède depuis le Moyen Age ses propres couleurs et emblème. Tous les concurrents montaient à cru, comme maintenant, et portaient les couleurs de la contrada qu'ils représentaient.

LA FIÈVRE MONTE
Le Palio est imprégné de traditions. Diverses parades et cérémonies marquent donc les jours qui précèdent la course elle-même.

◀ **Le centre de Sienne**, en Italie du Nord, est transformé en un océan de couleurs par la multitude de drapeaux qui le pavoise.

◀ **Au Moyen Age**, le Palio se courait sur des buffles ! On y voit encore aujourd'hui des bœufs, utilisés pour tirer un char qui porte la bannière blanc et noir de la ville, ainsi que la bannière remise au vainqueur.

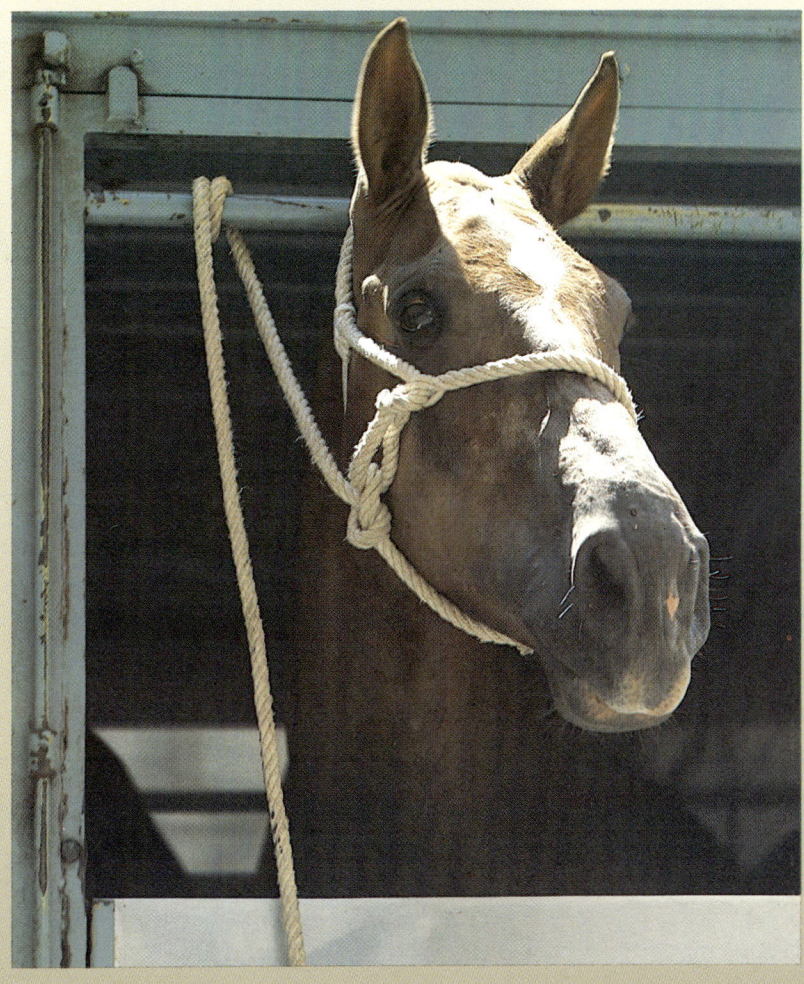

▶ **Les chevaux** sont amenés à Sienne en van pour participer au Palio. Et l'un d'eux au moins y restera pour le grand dîner qui suit la course : le cheval gagnant en est l'invité d'honneur.

Les costumes de Sienne

Chaque quartier (contrada) a ses couleurs et son emblème particuliers.

Ce cheval arbore la panthère qui constitue l'emblème d'un quartier.

Ce joueur de tambour vient de la Contrada dell'Oca, le quartier de l'Oie!

▲ **Ceux qui ont pris part** au défilé s'installent dans une tribune spéciale, mais pour les spectateurs ordinaires, c'est la bousculade assurée !

▶ **Les chevaux** doivent faire trois fois le tour de la place, ce qui représente une distance totale d'un peu moins de un kilomètre.

Trois jours avant le début du Palio, les contrade installent leurs bannières sur la place de Sienne. Chaque quartier élit un capitaine, et le jour de la course, entre 11 heures et midi, les capitaines présentent leurs cavaliers au maire et aux organisateurs.

Le nom du cavalier est alors enregistré et, à partir de ce moment-là, ni lui ni son cheval ne peuvent être remplacés par un autre. Chacune des contrade participantes fait célébrer une cérémonie religieuse au cours de laquelle cheval et cavalier sont bénis.

Les Siennois sont surperstitieux. Ils considèrent, par exemple, de bon augure que leur cheval satisfasse ses besoins à l'intérieur de l'église, et de mauvais augure que des bannières s'emmêlent pendant le défilé.

A 3 heures de l'après-midi, la cloche de la place retentit, et une parade pleine de couleur commence alors. La procession des porteurs de drapeaux et des musiciens traverse la ville pour se rendre sur la place.

Une troupe de cavaliers en costume se met à trotter, puis à galoper, autour de la piste. Au moment où leurs chevaux prennent le galop, les cavaliers tirent leurs épées et les brandissent.

▲ **Les défilés de musiciens** et de porteurs de drapeaux occupent une grande partie de la journée, ce qui contribue à faire monter l'excitation. Ces couleurs sont celles de la Contrada Capitana dell'Onda, dont l'emblème est une vague avec un dauphin.

SOUS LES ORDRES DU STARTER

Les concurrents font alors leur apparition, et la bannière qui récompensera le vainqueur est hissée bien en vue. Dans la cour de l'hôtel de ville, quelqu'un agite un drapeau blanc. Le canon tonne, on tend des cravaches aux concurrents, les clairons sonnent. Tandis que les cavaliers lèvent leurs cravaches, le starter les appelle l'un après l'autre pour qu'ils aillent se placer sur la ligne de départ.

LA COURSE COMMENCE

La corde tombe, et le Palio commence. Les chevaux doivent faire trois fois le tour de la place au galop. Le Palio est autant une joute qu'une course, car les cavaliers ont le droit d'utiliser leur cravache pour faire démonter leurs concurrents. Le vainqueur lève sa cravache au moment où il franchit la ligne d'arrivée, et un coup de canon signale la fin de la course. La bannière est descendue de la tribune des juges devant un public surexcité.

Le cheval gagnant est salué comme un héros et, le lendemain de sa victoire, on l'emmènera faire un tour d'honneur de la ville.

LES EMBLÈMES
Chacun des dix-sept quartiers possède un emblème, qui est représenté sur les costumes et les équipements. En voici la liste :

Aigle	Tortue	Chenille
Escargot	Hibou	Dragon
Vague avec dauphin	Licorne	Girafe
	Coquille	Porc-épic
Panthère	Tour	Loup
Forêt avec rhinocéros	et éléphant	Oie
	Bélier	

LE MONDE DU CHEVAL

UN RÊVE AMÉRICAIN

▼ **Le Missouri Foxtrotter** est l'une des trente races représentées dans le parc. Ce cheval doit son nom à son allure particulière, qui ressemble aux pas du fox-trot.

Créé en 1976, le Kentucky Horse Park permet aux visiteurs d'admirer des races de chevaux de toutes les origines. Ce gigantesque musée vivant du monde équestre, s'étend sur six cents hectares.

LE PAYS DE L'HERBE BLEUE

Le Kentucky est l'un des premiers États américains pour l'élevage des chevaux de course. On l'appelle le Pays de l'herbe bleue parce que l'herbe y prend une teinte bleuâtre à certains moments de l'année et sous certaines conditions d'éclairage. C'est une herbe d'excellente qualité, qui convient particulièrement bien à l'alimentation des chevaux.

La région de Lexington abrite la plupart des grands haras de Pur-Sang. On trouve là des chevaux dont la progéniture se vend plusieurs millions de dollars lors de la vente organisée chaque automne.

VICTIMES DE LEUR SUCCÈS

Il fut un temps où ces haras recevaient chaque année des milliers de visiteurs, venus là pour admirer les étalons. Mais la plupart ont aujourd'hui fermé leurs portes au public pour protéger les chevaux et permettre le déroulement normal des activités quotidiennes.

Le parc a été créé afin que les anciens spectateurs de ces haras puissent encore contempler de beaux chevaux.

Les éleveurs de la région prêtent maintenant leurs chevaux au parc, qui emploie pour les soigner du personnel à plein temps. Ce parc sert aussi de centre de formation professionnelle : les jeunes qui se préparent à un métier du cheval viennent y acquérir leur première expérience professionnelle.

SPORT ET TRAVAIL

Le parc possède des salles d'exposition qui présentent aux visiteurs tous les aspects du monde hippique.

Le musée montre comment les ancêtres du cheval vivaient à l'époque préhistorique et retrace les différentes phases de la domestication. On peut ainsi redécouvrir bien des usages aujourd'hui perdus de la plus belle conquête de l'homme. Un énorme ordinateur répond, sur un écran géant, à toutes les questions que l'on peut poser sur les actuelles races de chevaux.

On peut voir des exemples de sports équestres dans la Salle du cheval et du sport ainsi que les différents types de harnachement et de matériel utilisés. On trouve également dans ce parc la plus grande cour d'écurie du monde et la reproduction miniature d'un haras typique du Kentucky.

▼ **Carol Harrison et Topic**, originaires de Nouvelle-Zélande, participent au championnat du monde de concours complet, qui eut lieu dans ce parc en 1978.

▶ **Un défilé** a lieu deux fois par jour sur la piste principale. Ce cheval est un Mustang. Les défilés sont, pour les visiteurs, la seule occasion de voir réunies les trente races du parc.

▼ **Ces cow-boys** montés sur des Pintos ont un rôle de surveillance. Ils aident aussi les visiteurs à s'orienter dans le parc.

◀ **Un Shetland américain** prend part au défilé. Cette race ne ressemble guère au Shetland britannique. Ses allures très relevées le rapprochent plutôt du Hackney.

▼ **Une jument et son poulain** dans leur enclos. Ce sont des Paso Fino d'origine péruvienne.

LE MONDE DU CHEVAL

COURSES DE TROT À

▲ **Les Alpes et le lac gelé** de Saint-Moritz offrent leur cadre à l'air pur pour de formidables sports d'hiver.
À l'entraînement en vue de la course, les chevaux portent des couvertures.

▶ **Les traîneaux de course** sont conçus pour la vitesse. La sécurité a aussi son importance et, pour avoir la certitude que les concurrents répondent aux conditions requises, l'Association des courses de Saint-Moritz fournit à chaque driver un traîneau standard.

Les courses de trot sur le lac gelé de Saint-Moritz sont une exhibition d'hiver très courue. Situé au sud des Alpes suisses, le lac gèle en hiver. La neige poudreuse qui le recouvre offre une piste idéale.

TRAINEAUX SPÉCIAUX
La première course de trot eut lieu en 1906. Elle se déroula sur des pistes en bord de route, et non pas sur le lac, car la couche de glace y était trop mince cette année-là. Ce lac doit geler sur au moins 45 cm d'épaisseur, avant qu'on ne puisse y faire courir en toute sécurité.

Dans les épreuves de trot, les chevaux entraînent à vive allure leurs drivers installés sur des traîneaux. Ces traîneaux ont été spécialement étudiés pour faire face à quelques-unes des difficultés de la course en hiver. Ils sont bâtis en hauteur pour favoriser la vitesse, ce qui aide aussi le driver à éviter la projection de neige soulevée par les sabots en action.

Les traîneaux sont différents d'aspect de ceux, traditionnels, qui emmènent les touristes en promenade. Cependant, les deux modèles pèsent le même poids.

BÂTIR UNE PISTE SUR NEIGE
Le lac de Saint-Moritz est situé à 1856 m d'altitude. Il faut habituellement attendre décembre pour qu'il gèle et se couvre d'un blanc tapis de neige.

Avant que la large piste ne puisse être délimitée par des poteaux et des mains courantes, sa surface doit être aplanie. Autrefois, des attelages de chevaux traînaient des rouleaux sur

SAINT-MORITZ

la surface gelée et raboteuse. Parfois des apprentis skieurs se mettaient de la partie — et même des troupeaux de vaches !

Les temps ont changé et, de nos jours, les mêmes bouteurs qui dament les pistes de ski sont utilisés pour aplanir la piste de course sur le lac.

Cette nouvelle technique gagne en efficacité ce qu'elle perd en sécurité : dégager ainsi le lac gelé n'est pas sans danger, et il est arrivé que la glace cède !

PARCOURS D'ENTRAÎNEMENT

Les chevaux qui participent à la course sont habitués à tirer un driver. La position de ce dernier dans le traîneau est toute différente de celle dont il a l'habitude en promenade.

L'entraînement des chevaux peut se faire sur les chemins du pays, mais il est interdit d'emprunter la piste sur le lac avant le départ de la course.

TECHNIQUES SUR NEIGE

Courir sur une piste enneigée, c'est presque le faire sur du sable humide, avec cette différence que la neige est poudreuse et gicle facilement.

La course sur neige présente des avantages : la piste elle-même est plus plate que toute autre, parce qu'elle a été soigneusement damée et qu'elle permet de trotter bon train en sécurité. La neige est poudreuse, donc ni humide, ni glissante.

Bien des chevaux peu performants sur l'herbe s'alignent avec succès sur le célèbre « gazon blanc » de Saint-Moritz. Et ils tiennent là une prestigieuse revanche.

Ferrures de course

▶ **Pour éviter** la formation de boules de glace sous les pieds, on utilisait, l'hiver, dans les écuries de course, une ferrure assortie d'une plaque en caoutchouc couvrant la sole.

▶ **Récemment**, un maréchal-ferrant de Saint-Moritz a imaginé un nouveau modèle, comportant un bourrelet de caoutchouc contre le fer. Le fer lui-même est muni de larges crampons, qui permettent au cheval d'« accrocher » sur la neige poudreuse. Cette ferrure est maintenant appréciée dans d'autres pays où l'on monte à cheval en hiver.

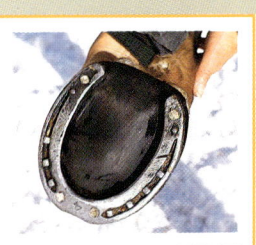

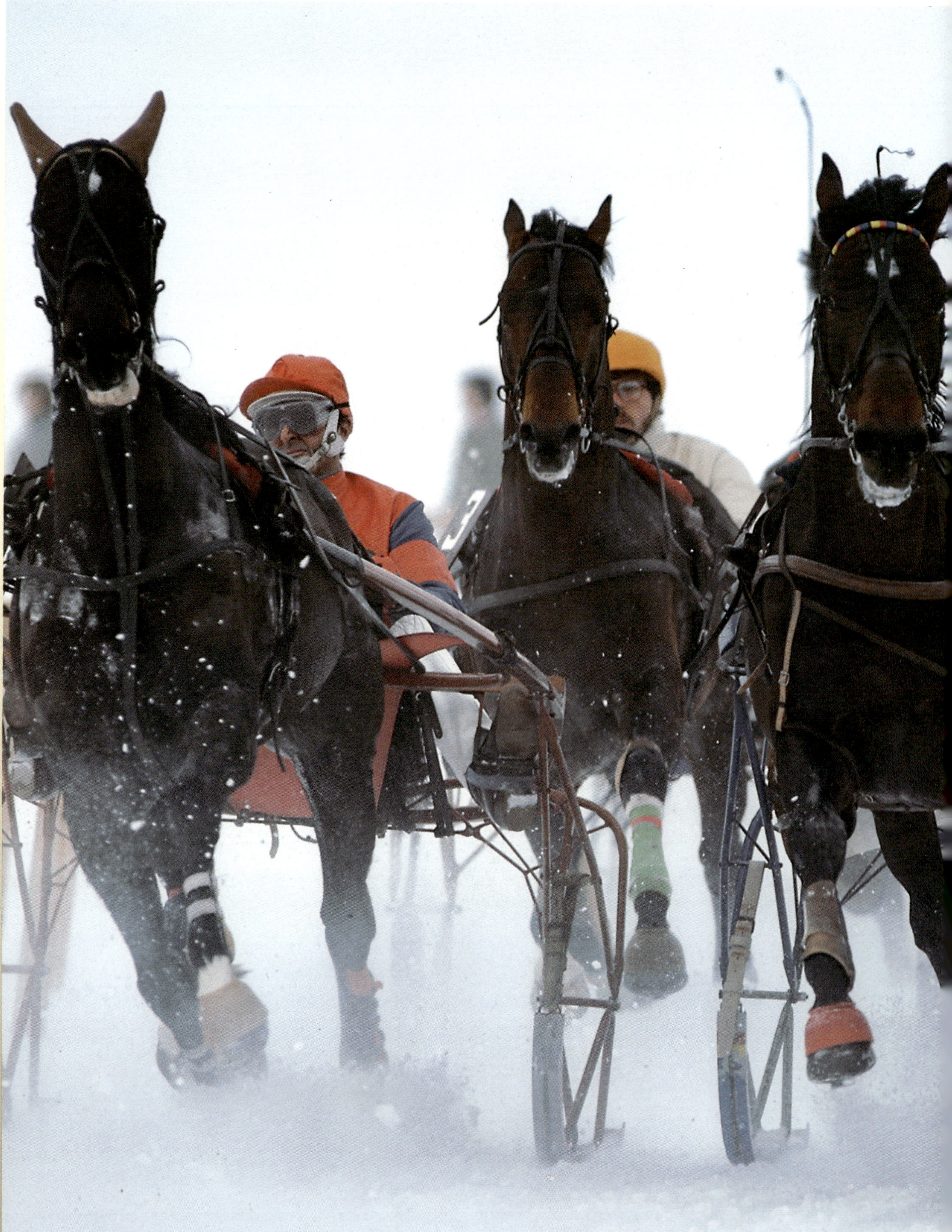

◀ **Les courses de trot** sont aussi rapides qu'acharnées. Les drivers sont assis en arrière, les pieds en l'air, et les yeux protégés des projections de neige par des lunettes.

LE CONCOURS

LE MONDE DU CHEVAL

▼ **À Aix-la-Chapelle**, les concurrents ne viennent que sur sélection. Un des couples allemands du plus haut niveau : Canaletto, monté par le Dr Michael Rüping.

Le concours d'Aix-la-Chapelle, en Allemagne, est l'une des manifestations équestres les plus prestigieuses du monde. Si une réunion de moindre importance se tient en mars, le grand concours qui se déroule en juin dure six jours et attire les plus grands noms de l'équitation.

DES ÉPREUVES RÉPUTÉES

Les concurrents savent que le fait de gagner un grand prix ou même de concourir dans une équipe qui participe à cette épreuve représente déjà une promotion équestre.

Les épreuves de saut d'obstacles sont les plus marquantes. L'immense carrière où se

D'AIX-LA-CHAPELLE

déroulent les épreuves est l'une des plus belles du monde. Bien avant d'autres pistes internationales — Hickstead, par exemple —, le terrain d'Aix était déjà pourvu d'obstacles permanents : banquettes, haies, bidets et même un lac!

Les concours hippiques ont eu lieu à Aix-la-Chapelle depuis les années vingt, et le Grand Prix, qui se disputa pour la première fois en 1927, est l'une des plus anciennes et des plus difficiles compétitions équestres.

UN CONCOURS DU PLUS HAUT NIVEAU

Le concours a toujours fait appel aux chefs de piste les plus prestigieux du monde, et les obstacles ont la réputation d'être imposants, mais sans pièges.

Ces qualités techniques, ajoutées à l'atmosphère galvanisante créée par une foule aussi nombreuse que passionnée, font du concours d'Aix-la-Chapelle une expérience unique pour un cavalier.

◀ **La championne de dressage** danoise Anne-Grete Jensen, montant Marzog, a polarisé l'attention ces dernières années. Par le passé, les victoires en dressage sont allées maintes fois aux célèbres cavaliers olympiques allemands.

▲ **En 1986, Gail Greenough** fut la première femme à remporter le championnat du Monde — une épreuve qui n'est ouverte aux femmes que depuis 1978!

La compétition est dure aussi lors de la Coupe des nations, ouverte aux équipes de quatre cavaliers. Il y a parfois jusqu'à quinze équipes engagées.

Dans le championnat d'Europe, les cavaliers ne concourent qu'avec leurs propres chevaux, mais, dans le championnat du Monde, les quatre cavaliers les mieux placés lors des trois éliminatoires qualificatives disputeront la finale tournante : chacun devra alors monter son propre cheval, puis les chevaux des trois autres finalistes.

UN TEST DE BELLE ÉQUITATION

Bien que le parcours de cette finale spectaculaire soit loin d'être aussi technique que ceux des autres compétitions, c'est un véritable test de belle équitation.

Les cavaliers n'ont que quelques minutes pour tester, sur la barre d'essai, chacun des chevaux qu'ils devront monter. Les épreuves d'attelage suscitent presque autant d'intérêt que le concours hippique. Le marathon n'attire

▲ **Apollo, le cheval de Nick Skelton,** eut lui aussi son heure de gloire lorsque, en 1988, il gagna pour la deuxième fois le redoutable Grand Prix. Un record qui n'avait pas été réalisé depuis quelque quarante ans.

▲ **Les difficiles concours** hippiques sont contrebalancés par des compétitions plus détendues : épreuves de vitesse ou même... un galop dans les eaux du lac!

◀ **Lorsqu'ont eu lieu** les différentes épreuves du Grand Prix et que les récompenses ont été décernées, les concurrents se rassemblent dans la grande carrière pour un tour d'honneur.

pas moins de trente mille spectateurs. Il y a aussi un grand prix d'attelage, réservé aux attelages à quatre, qui se dispute sur cinq jours. Les concurrents courent à la fois en individuel et en équipe pour la Coupe des nations d'attelage. Chaque pays présente trois attelages.

DU DRESSAGE TOUS LES JOURS

Chaque journée du concours d'Aix-la-Chapelle donnent lieu à des épreuves de dressage. Il y en a de tous les niveaux.

Le prix Saint-Georges et les Intermédaires I et II concernent les chevaux les moins confirmés. Le Grand Prix spécial, lui, ne concerne que les ténors internationaux.

L'Allemagne produit de longue date des cavaliers de dressage de haut niveau, et la concurrence est sévère pour les cavaliers étrangers venant à Aix-la-Chapelle pour se mesurer avec les Allemands sur leur propre terrain. Et ce, pour le plus grand plaisir des spectateurs.

◀ **La maîtrise des meneurs** est ici sévèrement mise à l'épreuve. Le marathon à travers les bois d'Aix-la-Chapelle met en valeur la puissance des chevaux et le savoir-faire du meneur.

◀ **Dans la carrière,** l'attelage de Nanno Hansen est bien rassemblé au cours de la phase de maniabilité.

▼ **Une cérémonie de clôture du concours** a lieu le dernier jour. Un orchestre joue l'hymne national de chaque équipe au moment où elle fait son entrée sur la piste. Lors de la parade finale, la foule se lève et, en cadence avec la musique, agite des milliers de mouchoirs blancs.

LE MONDE DU CHEVAL

CAVALIERS ARABES

Les régions qui bordent le désert du Sahara sont le théâtre de l'un des spectacles équestres les plus éblouissants : la fantasia.

QU'EST-CE QUE LA FANTASIA ?
C'est un simulacre de bataille accompli lors des célébrations ou des fêtes religieuses qui jalonnent l'année dans certaines régions d'Afrique du Nord.

Au Maroc, ces festivités sont particulièrement réputées et sont marquées par des courses de dromadaires, des danses en plein air et diverses démonstrations où se presse une foule bruyante et colorée, friande du spectacle qui va se dérouler. Le clou de la fête est le moment où apparaissent les hommes armés lancés au galop.

Les cavaliers sont répartis en groupes distincts représentant chacun des tribus ou des familles présentes. Ils mettent un point d'honneur à démontrer la cohésion, l'adresse et l'audace de leur équipe, et l'habileté de leur équitation. Bien que les groupes ne soient pas directement en compétition, leur performance est prise en considération : une médiocre façon de monter de l'un des membres du groupe fait rejaillir le blâme sur toute l'équipe.

La riche parure de fils d'or et de soie utilisée pour décorer les chevaux fait partie de la fête. Selles, enrênements, étriers n'ont pas changé depuis des siècles. Les chevaux sont arabes ou barbes.

LE SPECTACLE
La fantasia a lieu dans un rectangle autour duquel se groupent les spectateurs, rectangle jalonné en certains endroits par les tentes des dignitaires.

Les cavaliers se lancent au galop dans la poussière et le soleil, feignant une charge vers les tentes. Alors, au signal du chef, ils se dressent sur leurs étriers et tirent en l'air avec leur fusil, rechargent leur arme à toute vitesse et dans toutes les positions imaginables, ou les lancent en l'air pour les rattraper au vol, le tout en poussant de grands cris, comme pour exhorter leur monture... et les spectateurs.

La foule participe autant que les cavaliers à la réussite de la fantasia. Chacun encourage son équipe à grands renforts de hurlements, et les musiciens et les danseuses ne sont pas en reste.

PARTICIPATION ROYALE
Le roi Hassan II du Maroc est un grand amateur de fantasia. Depuis 1961, année de l'accession du souverain au trône, ces spectacles ont fleuri dans tout le pays.

Chaque deuxième mercredi de septembre, un grand festival de la fantasia a lieu dans la cité royale de Meknès.

▲ **Les cavaliers marocains** montent avec des babouches à semelle fine. Leurs grands étriers métalliques protègent tout le pied.

◄ **Les chevaux barbes** de cette région sont montés en fantasia. Les fusils sont fabriqués par des artisans locaux.

▼ **Des musiciens** mènent les chevaux sur la ligne de départ. Les cavaliers montrent leur adresse en se tenant debout sur leur selle.

◀ **Les fantasias** ont normalement lieu dans l'après-midi, quand la chaleur est tombée. Elles peuvent accompagner des fêtes de mariage ou d'autres cérémonies sociales ou religieuses. La photo montre une petite fantasia lors d'une fête religieuse près de Rabat.

▼ **Quand le chef** donne le signal, les cavaliers doivent tirer en l'air tous en même temps. Les chevaux sont alors brutalement arrêtés sur place.

▶ **Le cheval est honoré** dans la culture musulmane et arabe (les juments du Prophète...) et est considéré comme un animal sacré.
On attribue un sens ésotérique à sa robe. Le blanc est la robe la plus prisée, car elle est associée aux hommes importants. L'alezan foncé est associé à la vitesse, le rouan a la réputation d'appartenir aux chevaux difficiles à dresser. Dans certaines régions, les chevaux noirs sont considérés comme porteurs de chance.

LE MONDE DU CHEVAL

LE RODÉO DE CALGARY

▼ **Dans l'épreuve** qui consiste à chevaucher un bronco sellé, le cavalier doit rester en selle pendant huit secondes. Un autre cow-boy, monté sur un cheval dressé, le prend en croupe après sa prestation. Un tableau d'affichage indique d'où le concurrent en lice est originaire.

Chaque année, au mois de juin, pendant dix jours, les cow-boys du Far West ressuscitent : cavaliers et cavalières rivalisent de courage et d'adresse dans les difficiles épreuves que propose le rodéo de Calgary, au Canada.

ÉQUITATION ET LANCEMENT DU LASSO

C'est dans une atmosphère électrique que les concurrents se mesurent dans des épreuves qui vont de la voltige à la maîtrise d'un bouvillon. À l'origine, les cow-boys développaient leurs qualités de cavaliers et de lanceurs de lasso au cours de leur travail quotidien dans les ranches, que ce soit pour dresser un cheval difficile ou pour attraper un veau au lasso. Le terme rodéo vient de l'espagnol et signifie « encerclement du bétail ». Ces manifestations n'étaient que l'occasion d'étaler ce savoir-faire acquis au fil des ans.

LES CHEVAUX REBELLES

Les chevaux qui ruent sont des animaux que la selle a rendus agressifs ou qui sont indomptables de nature et refusent absolument d'être

▲ **Maîtriser un bouvillon** est un exercice dangereux mais spectaculaire! On utilise souvent des Quarter Backs car ce sont des chevaux vifs et rapides.

montés. Personne ne leur a appris à ne pas ruer : c'est chez eux une réaction instinctive aux nombreux efforts que déploie l'homme pour les dresser.

Ces chevaux sont cependant rares, et les gens qui fournissent des animaux aux organisateurs de rodéos sont obligés de parcourir des milliers de kilomètres à travers le pays pour en trouver. Ils doivent souvent payer des milliers de dollars pour un bon cheval de ce type et, vu la somme astronomique qu'ils doivent investir, ils en prennent ensuite le plus grand soin.

LES COW-BOYS PROFESSIONNELS

Le rodéo est un sport raffiné, et, au plus haut niveau, les cow-boys professionnels arrivent à en vivre. Les cinq grandes épreuves de la manifestation de Calgary consistent à chevaucher un bronco, avec et sans selle, à attraper un veau au lasso, à maîtriser un bouvillon et à chevaucher un taureau. Il y a quatre tours éliminatoires, et les quatre meilleurs concurrents sont sélectionnés pour la finale.

Les prix sont offerts par des sociétés et des personnes privées soucieuses de préserver cette tradition typiquement nord-américaine.

▲ **Dans la course de chariots,** chaque véhicule est escorté par quatre cavaliers. Pour gagner, l'équipe au complet doit franchir la ligne d'arrivée en même temps. Des chariots comme ceux-là étaient utilisés dans le Far West pour apporter à manger aux cow-boys partis rassembler les troupeaux.

LES RÈGLES DU RODÉO

Pour l'épreuve classique du rodéo, où les concurrents doivent chevaucher un bronco sellé, le cheval a juste un licou auquel est fixée une seule rêne en corde. Lorsque l'animal quitte l'enclos où il attend, une sangle attachée autour de ses flancs se tend. Comme il n'y est pas habitué, il va ruer encore plus fort pour tenter de s'en débarrasser.

Cette sangle ne fait pas mal au cheval. Des responsables de l'équivalent canadien de la Société protectrice des animaux sont d'ailleurs présents et veillent à ce que les chevaux soient bien traités.

Les cow-boys montent avec des éperons épointés et des jambières en cuir. Le règlement est très strict : les cavaliers sont autorisés à tenir la rêne en corde d'une main, mais ils doivent garder l'autre main en l'air. Les concurrents sont disqualifiés si leurs éperons sont au-dessus de l'épaule du cheval au moment où la barrière s'ouvre, et ils ne peuvent toucher le cheval qu'à partir du moment où ce dernier quitte l'enclos. Si le cavalier perd un étrier, est désarçonné ou touche n'importe quelle partie du cheval ou du harnachement avec sa main libre, il peut également être éliminé.

◀ **Les exercices de voltige** demandent énormément d'adresse et de concentration de la part du cavalier. Les chevaux sont entraînés à galoper à une allure régulière.

Pour l'épreuve à cru, elle aussi très populaire, on attache un épais tapis en cuir sur le dos du bronco, et le cavalier n'a ni rênes ni étriers. Il doit se tenir à la prise en cuir placée près du garrot.

L'ÉPREUVE FÉMININE

L'épreuve la plus spectaculaire du rodéo est celle qui est réservée aux femmes, la course du tonneau : cheval et cavalière courent autour de trois tonneaux disposés en triangle. Ils prennent leurs virages tellement serré qu'ils touchent presque le sol à chaque fois avant de foncer vers le tonneau suivant.

La précision est aussi importante que la rapidité, car chaque tonneau renversé donne une pénalisation de cinq secondes.

LES PRIX

Deux prix sont décernés à la fin de la manifestation. Le « All-Around Championship » couronne le cow-boy qui a concouru dans deux au moins des cinq grandes épreuves et qui a gagné le plus d'argent dans les trois premiers tours.

L'autre prix porte le nom du lanceur de lasso américain Guy Weadick, qui créa le rodéo de Calgary en 1912. Il récompense le cavalier qui associe d'excellentes performances à une forte personnalité et à une grande sportivité.

◄ **Des sangles supplémentaires** maintiennent la selle de cow-boy solidement en place. Le cheval est muni de protecteurs de boulets. Les cavaliers portent des blue-jeans, conçus à l'origine comme des vêtements de travail destinés aux employés des ranches. Ils sont tous coiffés du célèbre chapeau de cow-boy.

▼ **Le premier jour du rodéo**, les broncos sauvages font un tour de piste devant la foule des spectateurs enthousiastes.

L'ÉCOLE ESPAGNOLE

LE MONDE DU CHEVAL

DE VIENNE

Les étalons lipizzans exécutent chaque jour des « ballets équestres », au son de musiques classiques, à l'École espagnole de Vienne. Les traditions de l'art équestre y ont été maintenues en vigueur depuis quatre siècles. Chaque année, les chevaux voyagent à travers le monde et partagent cette magie avec un vaste public.

L'ÉCOLE ESPAGNOLE DE VIENNE

Que l'École espagnole se trouve en Autriche peut prêter à confusion. Mais son nom s'appuie sur une tradition : l'école n'a que des Lipizzans, chevaux d'origine espagnole. On y dispose de soixante-dix étalons, dont vingt-cinq au moins participent aux tournées internationales.

L'APPRENTISSAGE

Les airs, figures et carrousels demandés sont enseignés progressivement et par étapes, mais l'éducation est sérieuse et astreignante, tant pour le cheval que pour le cavalier. Avant tout, l'instructeur doit faire preuve de patience et connaître la personnalité et le caractère de chaque Lipizzan.

Le but de l'apprentissage est de rendre le cheval disponible au point qu'il puisse passer de la plus grande concentration à la plus complète détente. Les exercices sont calqués sur des airs naturels, mais il faut beaucoup de travail pour amener le cheval à les exécuter à la demande. L'entraînement d'un étalon commence à l'âge de trois ans, et il faut trois années de plus d'un travail intensif avant qu'il ne soit prêt à participer à une manifestation officielle.

AIRS RELEVÉS

Les airs relevés sont tous les « sauts » dans lesquels le cheval lève les antérieurs, les postérieurs ou les quatre membres à la fois. Ils peuvent être dangereux pour les jarrets et les reins du cheval. Ces airs sont exécutés par les sous-maîtres, aussi appelés « sauteurs ».

La pirouette consiste à faire tourner le cheval sur lui-même, un membre intérieur demeurant à la même place et servant de pivot.

La cabriole est un saut simultané des quatre membres. Le cheval détache son mouvement en ruade : il lance brusquement ses postérieurs en arrière.

Dans la pesade, le cheval lève ses antérieurs de façon que son corps se trouve à un angle de 45°. Moins accentuée, la figure est appelée levade.

La courbette débute comme une pesade. L'étalon doit ensuite effectuer plusieurs sauts en avant, antérieurs levés et ne touchant jamais le sol.

ENTRE LES PILIERS

Un autre exercice s'appuie sur le travail entre deux piliers. Il s'agit de poteaux ronds, plantés dans le sol à 1,5 m l'un de l'autre.

Le travail entre les piliers aide à développer la musculature du cheval, surtout son arrière-main, et à assouplir ses articulations.

HAUTE ÉCOLE

Bien que tous les chevaux soient issus d'une souche noble et qu'ils aient été spécialement élevés pour être forts et intelligents, il est des airs difficiles, exécutés seulement par quelques chevaux et leurs cavaliers.

Ces exercices particuliers sont appelés « airs de haute école ». Et comme leur nom ne l'indique pas, ils regroupent les airs bas. Ce sont des figures exécutées au sol, prolongement des allures naturelles. Seuls les écuyers les pratiquent.

La piste est la ligne que suit le cheval. Un cheval marche sur une piste quand les membres postérieurs suivent les antérieurs sur une même ligne. Le travail sur deux pistes est une figure de haute école. On dit d'un cheval

▲ **Les enchaînements** sont précis et délicats à réaliser, mais leur exécution semble se faire sans effort.

◄ **Les reprises des Lipizzans** se déroulent toujours dans le très beau manège construit à Vienne, en 1572. Il est unique au monde. Sur la photo, le final de la reprise, appelé « quadrille », exécuté par huit étalons.

qu'il marche sur deux pistes quand les postérieurs suivent une ligne parallèle aux antérieurs. La figure la plus connue sur deux pistes est l'appuyé.

Le passage (appelé à Vienne le pas espagnol) est le ralentissement d'une allure (en général le trot) avec un déplacement minimum.

Le piaffer est un aboutissement du passage : le cheval ne se déplace plus. Tout en gardant l'allure, il reste sur place.

LEÇONS PARTICULIÈRES

Les entraîneurs expérimentés examinent attentivement chaque étalon au début de son apprentissage. Ils peuvent immédiatement dire de quel talent il pourra faire preuve.

Lorsqu'un Lipizzan paraît apte à la haute école, il reçoit un entraînement différent des autres. Mais tous les étalons sont montés quotidiennement, et chacun d'eux pratique les types d'exercices qui lui conviennent. A l'École espagnole de Vienne, on estime qu'un

▼ **Les chevaux parcourent le monde** pour y être présentés et captivent les foules là où ils passent. Comme ici, où on les mène en main dans une rue d'Arles.

▶ **Dans les arènes d'Arles**, les sous-maîtres détendent et échauffent les chevaux avant de commencer la reprise.

cheval donne le meilleur de lui-même lorsqu'il est détendu et heureux.

Ayant perdu son caractère nobiliaire et militaire, l'École espagnole de Vienne est devenue, à l'instar des autres grandes formations, un véritable ambassadeur de l'Autriche. Pour le grand plaisir des spectateurs, dans le monde entier, les cavaliers éxécutent les ballets équestres en restant fidèles à une tradition multiséculaire qui a fait la grandeur de l'Empire à l'aigle bicéphale.

◀ **Un lien d'amitié** unit le cheval et le cavalier, résultat d'un délicat travail effectué en commun.

▼ **Chaque bride** porte l'emblème de l'École espagnole.

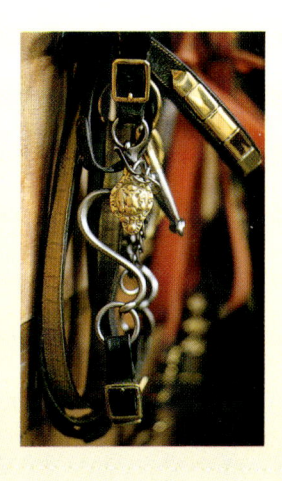

▼ **Il faut une grande concentration** pour accomplir une courbette, car l'étalon lipizzan doit se maintenir en équilibre parfait. Un entraînement long et appliqué permet cette difficile série de sauts.

LE MONDE DU CHEVAL

LES CAVALIERS MASQUÉS DE

▶ **Les cavaliers** portent des masques originaux qui ajoutent au caractère théâtral de ce festival. Ils portent le traditionnel et célèbre costume sarde.

UNE RENCONTRE DE NATIONS
La Sartaglia a été exécutée lors de la compétition nautique America's Cup en Australie. Les jouteurs sont venus de Sardaigne avec leurs chevaux pour faire une démonstration lors de cette manifestation internationale.

CHEVAUX INDIGÈNES
Les chevaux sauvages errent dans la région centrale de la Sardaigne, région très montagneuse. On sait que les hardes de chevaux vivent dans cette région depuis des centaines d'années, mais, comme ils sont peureux, rapides et intelligents, on n'a pas pu les sortir de l'état sauvage, et personne ne connaît précisément leur nombre. On sait seulement qu'ils sont de petite taille et de robe alezane.

▶ **Dans ce tournoi,** une étoile est suspendue à un fil métallique. Les cavaliers doivent la transpercer avec leur épée et frapper le fil métallique. Cet exercice requiert une grande habileté et des qualités équestres indéniables.

Le plus important festival de Sardaigne, qui se déroule chaque printemps dans la ville d'Oristano, est un tournoi équestre que l'on nomme la Sartaglia.

COMMENT TOUT A COMMENCÉ

Les origines de cette joute remontent à d'anciens jeux équestres auxquels se livraient des chevaliers de l'Est. Un anneau était suspendu à hauteur d'homme à cheval, et les cavaliers qui participaient à la compétition devaient décrocher l'anneau avec leur épée. Le vainqueur jouissait d'un grand prestige.

Depuis lors, une étoile a remplacé l'anneau, et cette manifestation s'est soumise au rythme du calendrier religieux. Elle a lieu chaque année, les derniers dimanche et mardi qui précèdent le Carême, et, comme beaucoup de manifestations du même genre, marque l'arrivée du printemps.

La journée commence par la parade, dans la ville d'Oristano, d'un héraut à cheval qui circule dans l'agglomération pour inviter la population à se rassembler. Les équipes de cavaliers sont venues de toute la Sardaigne pour participer aux épreuves, et chaque concurrent caresse l'espoir de sortir vainqueur de l'épreuve. La joute débute vers quatorze heures, lorsque les capitaines et les vice-capitaines ont réuni leurs équipes sur le parvis de la cathédrale.

Le maître de cérémonie revêt alors un voile en dentelle, et il monte à cheval. Ce n'est que lorsqu'il est en selle que le tournoi peut débuter.

L'ÉTOILE TOURNE

L'un après l'autre, les cavaliers rivalisent d'adresse. Ils galopent en direction de l'étoile, qui est suspendue à un fil métallique. Ils la transpercent d'abord avec leur épée, puis avec une lance. Pour ajouter au caractère théâtral de l'épreuve, un concert de trompettes et de tambourins accompagne la compétition.

La tradition veut que, pour les équipes victorieuses, la moisson de l'année sera bonne.

Plus tard, le maître de cérémonie revient pour bénir chaque concurrent, puis chevaux et cavaliers entament une démonstration de leurs talents. Ensuite, les jouteurs se dirigent vers le lieu de la seconde épreuve du jour : la course de chevaux.

Les participants représentent leur village ou leur ville, et font tout leur possible pour retourner chez eux avec le prix de la victoire : deux magnifiques chevaux. La journée s'achève par un grand dîner suivi de musique, de danses et de chants.

LA SARDAIGNE ET SES CHEVAUX

Au cours de son histoire, l'île de la Sardaigne, fichée en pleine Méditerranée, a été l'objet de la convoitise de plusieurs vagues de conquérants.

Les Espagnols, quant à eux, y débarquèrent en 1479, et leur occupation ne prit fin qu'en 1720. Aujourd'hui encore, on retrouve une très forte influence hispanique dans certains costumes et dans certaines coutumes sardes. Il ne fait aucun doute que les chevaux andalous arrivèrent sur le sol sarde lors de l'invasion espagnole.

Actuellement, le cheval sarde est connu pour sa sveltesse, son élégance et sa fière allure, qualités que l'on retrouve chez le cheval andalou et qui laissent à penser que le sarde en est un produit de croisement.

SARDAIGNE

◄ **Lorsque le maître de cérémonie** a revêtu son voile de dentelle, il devient un personnage sacré, et ses pieds ne doivent pas toucher le sol.

▼ **Il est escorté** par deux cavaliers chevauchant à ses côtés.

► **Après le tournoi,** les cavaliers font une démonstration éclatante. Un cavalier se prépare à se mettre debout sur sa selle et à agiter le drapeau australien lors de son passage au galop devant les spectateurs de ce festival sportif.

◄ **Des cocardes faites à la main,** en papier crépon de couleurs vives, sont placées sur le bandage de queue, la crinière, la bride ou la martingale et donnent un air de fête au harnachement des chevaux.

▼ **Les cavaliers** se mettent en ligne pour la course qui a lieu après chaque joute.

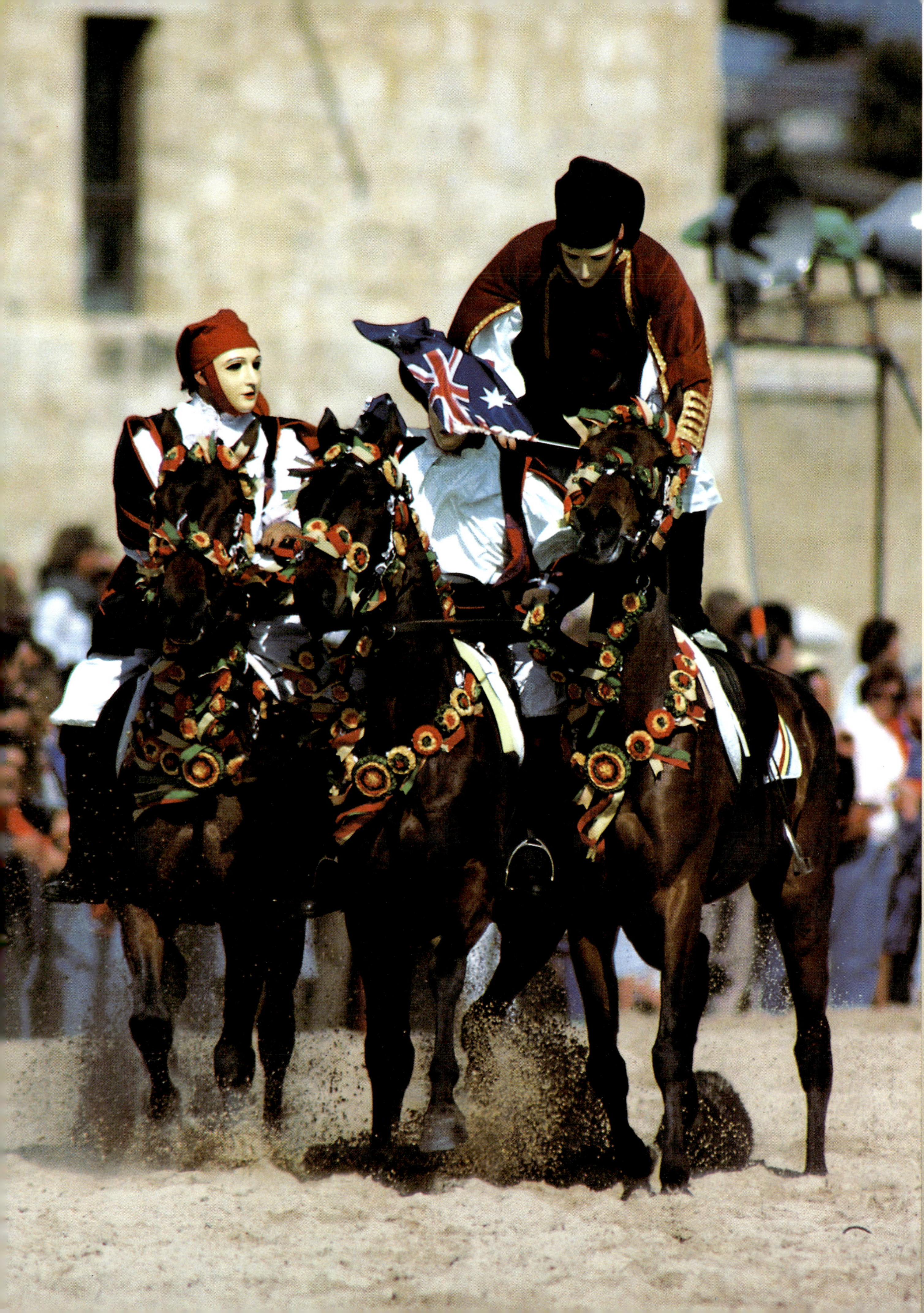

LA ROYAL CANADIAN

LE MONDE DU CHEVAL

MOUNTED POLICE

La Royal Canadian Mounted Police (ou RCMP) évoque pour beaucoup les grands espaces et les longues chevauchées dans une nature sauvage. Ces images appartiennent aujourd'hui au passé. La RCMP se traduit en français par GRC, c'est-à-dire Gendarmerie royale du Canada : dans cette traduction abrégée, la notion de police montée est écartée, ce qui correspond davantage à la réalité contemporaine.

La Royal Canadian Mounted Police n'a plus de police montée que le nom : comparable à toute autre police nationale, elle conserve le sigle RCMP pour des raisons historiques puisqu'elle doit sa naissance au cheval.

NAISSANCE DE LA POLICE MONTÉE

En 1870, le dominion du Canada achète la terre de Rupert, qui s'étend sur plus de 1000 km. Les autorités britanniques l'organisent en deux territoires : la province du Manitoba et les territoires du Nord-Ouest. En 1873, la Police à cheval du Nord-Ouest voit le jour. Elle compte trois cents hommes, dont les objectifs premiers sont de freiner le trafic de boissons alcooliques chez les Indiens, de gagner leur confiance, et de mettre fin aux attaques des colons blancs. Ils perçoivent par ailleurs les droits de douane et accomplissent les tâches habituelles d'un corps policier. La Police à cheval du Nord-Ouest se distingue rapidement par son efficacité et sa bravoure. En 1904, le roi Édouard VII lui accorde l'épithète « royale ». Elle devient alors la Gendarmerie royale à cheval du Nord-Ouest, et, en 1920, après l'assimilation par la police du dominion (responsable des territoires de l'Est), elle prend le nom de Gendarmerie royale du Canada. Elle a depuis pour tâche de faire respecter les lois fédérales de l'Atlantique au Pacifique.

Avec l'avènement de l'automobile, les moteurs ont peu à peu remplacé les chevaux. Cependant, ces derniers restent le symbole de la Gendarmerie royale du Canada. C'est pourquoi la GRC compte un service de l'équitation toujours très actif.

SON RÔLE

Le service de l'équitation a des attributions bien précises, qui n'ont plus rien de commun avec celles d'antan. Les policiers travaillant dans cette section n'exercent aucune activité à proprement parler policière. Cela peut sembler paradoxal, mais la division de l'équitation garde pourtant un rôle essentiel au sein de la GRC : elle constitue un outil de relations publiques sans pareil. C'est ainsi que le service de l'équitation dépend directement de la Direction de la communication et des relations avec les médias.

◀ **La Gendarmerie royale du Canada**, à l'instar des autres unités montées dans le monde, joue principalement un rôle de prestige : garde d'honneur, escorte officielle, représentations publiques.

▶ **La carrure souvent imposante** des gendarmes canadiens est une des raisons pour lesquelles la GRC fut amenée à sélectionner, par croisements successifs, une race équine adaptée à ses besoins.

▼ **Ici photographiée lors de sa tournée en France**, la police montée est le meilleur ambassadeur du Canada dans le monde.

Les cavaliers, vêtus d'une tunique rouge et montés sur des chevaux noir ébène, sont connus du monde entier. Ils se déplacent souvent, en effet, pour prendre part à des défilés ou à des escortes, ou encore pour les représentations de leur fameux carrousel.

UNE REPRÉSENTATION APPRÉCIÉE

Le carrousel occupe une place primordiale dans le programme de relations publiques de la Gendarmerie. Depuis 1904, date de sa première représentation, il a conquis le Canada et de nombreux autres pays pour la qualité de son spectacle : au rythme de la musique, les trente-deux chevaux et cavaliers exécutent toutes sortes de figures (notamment le X et la Haie d'honneur), par groupes de deux, quatre ou huit. La charge reste un des moments les plus appréciés du spectacle, qui s'achève traditionnellement par un salut à l'hôte d'honneur. Le carrousel reçoit des invitations de tous les coins du monde. Il se produit du début du mois de mai à fin du mois de novembre, le reste de l'année étant consacré à la formation des recrues.

Les trente-deux membres du carrousel sont volontaires (hommes et femmes) et possèdent au moins deux ans d'expérience policière. La plupart d'entre eux n'ont, au départ, aucune connaissance en matière équestre. Leur formation, d'une durée de huit mois, en fait des cavaliers accomplis. Chaque année, environ le tiers des membres est remplacé par de nouveaux volontaires, qui resteront trois ans au sein des services de l'équitation.

La GRC ne dépend donc plus du cheval, comme c'était le cas avant la généralisation de l'automobile et de l'avion. Il était alors le seul moyen de se déplacer dans les vastes étendues canadiennes. Cependant, la GRC a su lui conserver une place privilégiée : alliant le prestige et la chaleur humaine, la division de l'équitation contribue au rapprochement de la police et de la population. Plus généralement, on peut penser qu'elle joue un rôle important dans la prévention du crime. Bref, si le cheval n'a plus la même place qu'autrefois au sein de la GRC, il est loin d'en être écarté.

LES CHEVAUX

Depuis le XIXe siècle, les chevaux symbolisent la GRC. La plupart des représentations de ce corps policier passent par le fameux cavalier en tunique rouge monté sur un cheval noir. L'originalité de la cavalerie canadienne tient en premier lieu à la robe uniforme de ses montures. La seconde qualité physique souhaitée est une solide constitution, les policiers canadiens étant souvent de grande taille. De plus, les chevaux, appelés à beaucoup voyager dans le cadre du carrousel ou des défilés, doivent posséder une endurance sans faille. Pour obtenir ces critères, la GRC a été amenée à sélectionner elle-même la race idéale. Cette

▲ **Le carrousel** est l'une des représentations les plus appréciées de la Gendarmerie royale du Canada. Il assure une part non négligeable de sa politique de communication et de relations publiques.

dernière s'identifie au Canadian Hunter et résulte du croisement d'un étalon pur-sang et de juments noires de solide conformation, en partie pur-sang. De manière générale, le cheval issu de ce croisement mesure entre 1,55 m et 1,75 m au garrot et pèse de 475 à 635 kilos.

En ce qui concerne le caractère de l'animal, il est primordial qu'il garde son calme en toute occasion. Au cours de ses nombreux déplacements, le cheval devra en effet affronter toutes sortes de situations nouvelles qui ne devront jamais l'effrayer, qu'il s'agisse du mouvement des foules, du bruit des canons, des couleurs vives des drapeaux, ou des enfants se pressant sur ses flancs.

Cette confiance n'est acquise qu'après de longues années de contact entre l'homme et l'animal. Cela commence à sa naissance, au haras de Pakenham (Ontario). Depuis 1968, ce haras remplace celui de Fort Walsh. On y élève les futurs chevaux de la GRC, appelés aussi chevaux de remonte (terme désignant les jeunes chevaux destinés aux corps de troupe et aux établissements militaires). Leur entraînement débute à l'âge de trois ans et se poursuit jusqu'à ce qu'ils atteignent l'âge de cinq ans et demi. A six ans, ils se joignent officiellement au carrousel. Cependant, tous les poulains n'y figureront pas. Ainsi, ceux dont la robe est jugée trop claire sont revendus aux enchères avant le début de l'entraînement. Les autres resteront leur vie durant propriété de la GRC, et donc du gouvernement fédéral. Si, par la suite, un cheval de remonte se révèle non satisfaisant pour le carrousel, il sera affecté à d'autres tâches : formation des recrues, traction des carrosses ou poulinières pour les juments. L'entraînement vise à gagner la confiance de l'animal. On ne cherche pas l'obéissance à tout prix, mais plutôt le consentement, en tenant compte du tempérament du cheval.

UN DRESSAGE PROGRESSIF

Le travail de base, qui constitue la première étape de l'entraînement, commence en mai et se termine au début de l'automne : on cherche à calmer le cheval. Ensuite vient l'entraînement avec un cavalier, constitué d'exercices très progressifs.

Au printemps de la deuxième année, le cheval doit pouvoir avancer librement, calmement et en ligne droite, aux trois allures. Au deuxième été d'entraînement, l'accent est mis sur la variété des situations que le cheval est appelé à connaître : on l'habitue à toutes sortes de bruits, à la perception d'objets non familiers. Le cheval de remonte passe des vacances au pré avant d'entreprendre la dernière étape de l'entraînement. Au cours de celle-ci, il apprendra le saut, les déplacements latéraux, la flexion, le travail sur deux ou trois pistes, ainsi que les étapes de transition.

A l'issue de cet entraînement de deux ans et demi, les chevaux sont aptes à retrouver leurs aînés au carrousel. Ils pourront, jusqu'à un âge avancé (parfois vingt-quatre ans), représenter la police canadienne à travers le monde entier.

L'IRLANDE, PAYS DU CHEVAL

LE MONDE DU CHEVAL

En Irlande, le cheval est partout. On peut dire que chaque famille, ou presque, s'en occupe directement ou indirectement ! L'Irlande, c'est le pays du cheval par excellence.

UN HÉRITAGE DE TRADITIONS

Le cheval joue un rôle majeur dans la vie du peuple irlandais. Agriculteurs ou simples passionnés, campagnards ou citadins, nombreux sont ceux qui se retrouvent à ces ventes et foires traditionnelles. La plus connue d'entre elles, le Dublin Horse Show, est mondialement réputée, et chaque Irlandais met un point d'honneur à s'y rendre chaque année au mois d'août.

Ces manifestations offrent un vaste panorama des races de chevaux — du pur-sang anglais aux poneys pour enfants en passant par les chevaux de chasse et de trait. Mais la vedette reste aux représentants des deux races irlandaises autochtones : le Trait irlandais et le célèbre poney Connemara.

DES RACES NATIONALES

Le Trait irlandais (Irish Draught) est une race lourde, mais non dénuée de classe. Elle possède peu de fanons et allie le sang à la robustesse. De nombreux chevaux de chasse, de concours hippique ou de concours complet sont issus de croisements de cette race.

▼ **Les troupeaux de poneys** Connemara broutant dans leur pays d'origine, le parc national du Connemara. Cette race, très connue, porte le nom du terroir dont elle est issue, à l'ouest de l'Irlande.

Le Connemara est un des plus beaux poneys de Grande-Bretagne. Il toise entre 1,37 et 1,47 m. C'est un excellent poney de sport, doué pour l'obstacle et très apprécié pour les jeux équestres. Sa réputation a depuis longtemps dépassé les frontières de son berceau de race.

TOPEZ LÀ !

En Irlande, il est normal, lorsqu'on veut acheter un cheval ou un poney, de se rendre à l'une des grandes foires organisées ça et là à travers le pays.

La plus célèbre de ces foires est sans conteste celle de Ballinasloe, qui se tient dans l'ouest de l'Irlande au début du mois d'octobre.

La manifestation a lieu au plein centre de la ville, sur une esplanade où des centaines de chevaux, de poneys et même d'ânes sont rassemblés pour trouver acquéreur durant cette folle semaine.

Il y a de bonnes affaires à réaliser, mais aussi des pièges ! Il faut être méfiant, et même un homme de cheval expérimenté peut être trompé par les innombrables trucs qu'emploient les maquignons pour masquer les défauts, les tares ou les vices des chevaux à vendre.

Il faut donc ouvrir l'œil. Et aussi savoir marchander. C'est en effet une habitude bien ancrée dans ces foires que de discuter âprement les prix… puis de toper là d'une claque dans la main lorsque l'affaire est conclue.

LE HORSE SHOW DE DUBLIN

Organisé par la Royal Dublin Society, sur le terrain de Ballsbridge à Dublin, cette manifestation a peu d'équivalents dans d'autres pays. Elle allie en effet un concours hippique international et une vente de chevaux de renommée mondiale.

Pratiquement tous les chevaux y sont à vendre, hormis, bien sûr, ceux des cavaliers internationaux venus concourir. Dans certaines épreuves, il n'est pas rare de voir le gagnant être acheté séance tenante. Bien souvent, il ira rejoindre une autre écurie de concours en Grande-Bretagne, mais bien souvent, ces chevaux continueront leur brillante carrière sous la selle de cavaliers européens ou même américains.

Le jeudi matin — jour du championnat des « hunters » (chevaux de chasse) –, est particulièrement animé. Après avoir élu les champions des types léger, moyen et lourd, les juges choisiront les champions suprêmes, jugés sur leur modèle et leurs allures.

Les épreuves internationales de saut d'obstacles se tiennent dans la carrière principale. La coupe des nations qui se déroule le vendredi après-midi réunit des équipes du monde entier venues pour disputer de difficiles épreuves, et peut-être remporter le trophée tant convoité !

▲ **Les foires** sont une tradition très vivante en Irlande. Ici, la foire de Butternat à County Cork.

▶ **Le Trait irlandais** est une race autochtone, robuste mais élégante. Elle produit de remarquables chevaux de concours hippique.

▶ **DAVID BROOME ET PHŒNIX**
Un exemple particulièrement représentatif de ces couples de top niveau qui participent au Horse Show de Dublin.

UNE DATE HISTORIQUE
Le tout premier concours hippique de Dublin a eu lieu en 1868. Ce fut un tel succès que les membres de la Royal Dublin Society (fondée en juin 1731) décidèrent de renouveler le concours chaque année.

LES PRIX EN ESPÈCES
Autrefois, le premier prix de chaque épreuve était de 25 livres. Il existait aussi un championnat consistant à sauter un mur de pierre. Cette épreuve n'était ouverte qu'aux chevaux ayant franchi 1,35 m dans l'épreuve de saut en hauteur. Le vainqueur gagnait une coupe d'une valeur de 10 livres. Mais le deuxième ne gagnait… qu'une cravache !

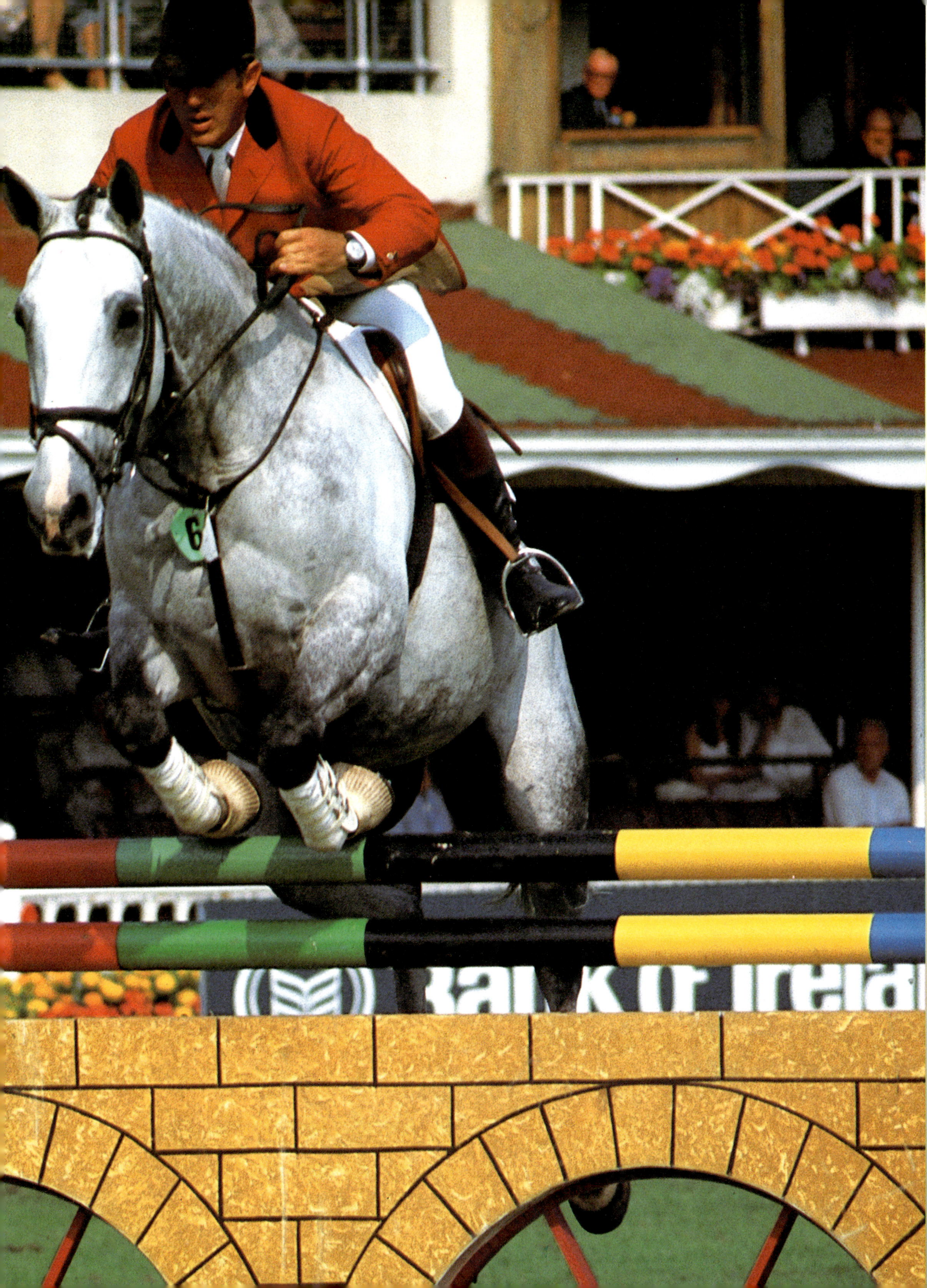
6

LE MONDE DU CHEVAL

LA LÉGENDE DU GAUCHO

Quand au XVIe siècle les Espagnols partirent à la conquête du Rio de La Plata, ils étaient accompagnés de cavaliers et introduisirent ainsi le cheval dans la pampa.

VAGABONDAGE DANS LA NATURE

Au cours des combats qui accompagnèrent l'exploration et la conquête de ces territoires, beaucoup d'hommes succombèrent à la famine et à la maladie. Leurs chevaux — de beaux animaux issus de reproducteurs Andalous et Barbes — furent abandonnés par les survivants. Le chevaux durent se débrouiller dans des conditions difficiles, et seuls les plus endurcis survécurent.

Leurs descendants, appelés « criollos », s'adaptèrent à ces plaines immenses et, aujourd'hui encore, un grand nombre d'entre eux présentent la couleur brun grisâtre qui jouait le rôle de camouflage naturel dans les pampas.

L'APPEL DE LA LIBERTÉ

Tandis que les Espagnols étendaient leur contrôle sur l'ensemble du Rio de La Plata, certains métis, descendants de colons et d'Indiens, voulant vivre loin de l'administration coloniale, choisirent de s'installer dans la pampa.

Ces proscrits furent appelés « gauchos », terme qui signifie « né dans la pampa ». Leur existence fut difficile et ils comprirent vite que leur survie dépendait de la domestication des chevaux sauvages, qui constituaient leur seul moyen pour se déplacer, pour élever du bétail et pour échapper aux Indiens !

LA DOMESTICATION DU CRIOLLO

Dresser un criollo sauvage n'était pas chose facile. D'abord, un homme devait capturer un cheval par la ruse, en le faisant entrer dans un petit paddock de fortune.

Tandis qu'un autre gaucho l'aidait à mettre la bride et la selle, il devait prendre au lasso les antérieurs du cheval et faisait un nœud coulant avec la corde qui les enserrait. Lorsqu'il était en selle, une traction rapide libérait nœud et corde.

◀ **Le style des étriers**, des bottes et des éperons diffère d'une région à l'autre. L'étrier en arc de cercle qu'arbore ce gaucho indique qu'il vient d'Argentine.

▲ **Les gauchos** se servaient traditionnellement de leur ceinture pour porter un couteau et tout l'argent qu'ils possédaient. De nos jours, ils n'arborent les larges ceintures décorées de pièces d'argent que pour les grandes occasions.

▼ **Aujourd'hui**, les gauchos travaillent dans les estancias comme simples ouvriers agricoles.

▼ **Le gaucho** était fier d'être capable de monter à cheval sur de longues distances. À ses yeux, la vocation de l'homme était de bien monter à cheval. Le mot « gaucho » signifie « né dans la pampa », mais en Uruguay il désigne également un cavalier adroit. En Argentine, le nom s'applique à quelqu'un de noble et courageux.

Le cavalier se cramponnait, pendant que le cheval sauvage se cabrait et ruait jusqu'à épuisement, pour finalement se soumettre. Cette méthode de dressage des chevaux — question de vie ou de mort pour le gaucho, à qui sa fierté interdisait des techniques moins dangereuses — est à l'origine des spectacles de rodéo.

LE GAUCHO AUJOURD'HUI

L'histoire n'a guère été bienveillante à l'égard des gauchos. Lorsque les pampas furent clôturées et divisées en grandes exploitations, ils perdirent leurs droits sur les prairies.

Aujourd'hui, ils n'ont plus de terres, mais leur légende survit : leur fierté, leur amour de la liberté et leur adresse avec les chevaux.

◀ **L'entente entre le gaucho** et son cheval est totale, et tous deux doivent être assez résistants pour s'adapter à toutes sortes de terrains.

▶ **Vivant au contact de la terre,** les gauchos devinrent d'habiles gardiens de troupeaux et furent les premiers cow-boys du monde.

LA GARDE RÉPUBLICAINE

LE MONDE DU CHEVAL

Le régiment de cavalerie de la Garde républicaine est le dernier régiment monté de l'armée française. Labeur quotidien des maréchaux et des selliers, entraînement aux formations équestres, répétition et exécution des services d'honneur : la vie du régiment est entièrement consacrée aux chevaux.

On lit les armoiries de la Garde républicaine comme un livre d'histoire. Les couleurs (bleu et rouge), l'épée de justice et la clef d'argent illustrent son attachement multiséculaire à la garde de Paris et à celle des institutions royales. La grue d'or et sa vigilance d'argent symbolisent le guet royal. L'étoile qui les surplombe rappelle que le chevalier du guet était l'unique titulaire de l'ordre du même nom. Tous les régimes que la garde servit avec le même dévouement et la même bravoure se succèdent dans les trois lys royaux, l'aigle impériale et le faisceau de licteur surmonté du bonnet phrygien. La bombe d'or rappelle que la garde est partie intégrante de la gendarmerie depuis plus de cent cinquante ans.

Tour à tour guet royal, garde municipale de Paris, gendarmerie impériale, garde de Paris, gendarmerie royale de Paris, la Garde républicaine prend son nom et ses attributions définitives sous la IIe République par une réforme de Louis Napoléon Bonaparte. Elle a conservé depuis sa vocation principale : les missions de sécurité et les services d'honneur au profit des instances gouvernementales et des hautes autorités de l'Etat, depuis la présidence de la République jusqu'au palais de Justice en passant par l'hôtel Matignon ou le Parlement. Ces tâches sont assurées par deux régiments d'infanterie et un régiment de cavalerie, fierté de la garde puisqu'il est le dernier régiment monté de l'armée française.

UNE SÉLECTION RIGOUREUSE

Ce régiment de cavalerie de la Garde républicaine a un effectif théorique de cinq cent quinze chevaux. La race dominante est le selle français (ancien demi-sang), complétée par des pur-sang, des trotteurs et des Anglo-Arabes. La garde n'assure pas l'élevage, trop coûteux, de ses propres chevaux. C'est une commission d'achat, présidée par le commandant de régiment assisté du vétérinaire chef de service, qui réalise les opérations de remonte auprès des éleveurs à l'occasion des concours « modèles et allures » organisés par les Haras Nationaux. En plus des traditionnels examens (recherche des affections contagieuses, des vices rédhibitoires, etc.), plusieurs critères de sélection spécifiques à la garde déterminent l'acquisition d'un cheval.

Hauteur au garrot Les chevaux doivent mesurer au moins 1,62 m pour entrer au régiment.

Couleur de la robe Les robes recherchées sont l'alezan, le bai et le gris. Elles cor-

▲ **Défilé du régiment** de cavalerie. On reconnaît les deux chevaux à robe grise que montent toujours les timbaliers.

◀ **Les formations équestres** de la garde offrent des reconstitutions historiques. Ici, la formation « tambours et hautbois », composée de huit chevaux à robe grise dont les cavaliers sont vêtus en habit de cour.

◀◀ **Les nombreuses missions** de sécurité et de service d'honneur qu'assure la garde exigent un entraînement rigoureux des chevaux.

respondent à une répartition précise au sein des diverses unités. A la fanfare et au premier escadron sont affectés les chevaux de robe alezane (les gris pour les timbaliers), au deuxième escadron la robe baie claire, au troisième la robe baie foncée.

Pied du cheval et robustesse des articulations « Pas de pieds, pas de cheval », rappelle la devise de l'infirmerie vétérinaire. Les chevaux seront appelés, lors des sorties quotidiennes et des nombreuses opérations de prestige, défilés commémoratifs, escortes ou prises d'armes, à fouler sans cesse le pavé parisien. Cette vie impose des contraintes aux articulations, dont le vétérinaire apprécie la vigueur et la souplesse lors de l'achat.

Aptitudes Il arrive que la Garde républicaine soit affectée à des missions précises réclamant du cheval des capacités différentes de ses attributions classiques. Ainsi le peloton de surveillance et d'intervention à cheval (PSIC), affecté en 1986 en Nouvelle-Calédonie, a acquis sur place un parc équin susceptible de parcourir de longues distances en terrains variés (des plaines à la végétation luxuriante aux terrains rocailleux de montagne).

UN NOUVEAU MATRICULE AU RÉGIMENT

Les principaux centres d'achat sont situés dans l'Ouest — Normandie, Vendée, Loire-Atlantique et Charente-Maritime. La garde se fournit également dans les élevages nivernais et charolais. Le cheval est acheté dans sa troisième année. Au cours de sa quatrième année, il subit le débourrage et un premier dressage : on l'habitue à marcher droit, à se mettre en rang, à ne pas manifester de frayeur devant le cliquetis des sabres ou des timbales, à marcher au milieu des voitures. Au printemps de la cinquième année, le cheval reçoit une affectation. Les qualités qu'il a révélées lors du dressage le destinent à l'une des unités du régiment.

En fin de carrière, qui survient entre quinze et vingt ans, le cheval est réformé. Il est le plus souvent racheté par son cavalier et retrouve les prés. Les juments de bonne origine deviennent poulinières. Quelques chevaux sont vendus par l'administration des Domaines.

LES DERNIERS DES ARTISANS

Le régiment de cavalerie de la Garde républicaine intègre deux ateliers de sellerie et de maréchalerie, qui perpétuent des techniques artisanales aujourd'hui abandonnées. Les chevaux de la garde sont ferrés tous les quarante jours en moyenne. Les fers sont, aujourd'hui encore, fabriqués selon la spectaculaire méthode dite des trois marteaux : tandis qu'un maréchal-ferrant frappe l'enclume pour donner le rythme, ses deux compagnons martèlent le fer pour lui donner la forme souhaitée. Cinq forges composées chacune de quatre hommes produisent, au rythme des

▼ **La reprise des tandems** est la plus difficile et la plus prestigieuse des formations que propose la Garde républicaine. L'entraînement de la flèche (le cheval de tête) est dit « aux longues rênes ».

jours et des saisons, les douze mille fers annuellement nécessaires. L'autre atelier artisanal, rendu indispensable par la disparition des ateliers civils, est celui des maîtres selliers. Le régiment de cavalerie est équipé des selles d'arme du modèle 1874. Leur fabrication est assurée par une presse à mouler à système de balancier, dernier et unique modèle encore en activité en France et, probablement, dans le monde.

SIX FORMATIONS ÉQUESTRES

Le régiment de cavalerie propose six formations équestres différentes. A l'origine simples tests collectifs d'équitation visant à juger de la valeur du cheval comme de son cavalier, ces formations équestres sont progressivement devenues publiques, au point d'être désormais des manifestations de prestige parfois mondialement reconnues de la cavalerie française.

• La Maison du Roy est une formation équestre et musicale se produisant en costume Louis XV sur des airs d'époque.

• Les tambours et les hautbois accompagnent le travail de huit chevaux à robe grise de la fanfare de cavalerie, montés par des cavaliers en habit de cour.

• Les trompes de chasse et les trompettes de Jeanne d'Arc marquent l'ouverture des chasses royales, avec une présentation des principes classiques de l'équitation française.

• La reprise des douze est une formation de douze cavaliers montés sur des alezans, où s'associent rigueur équestre et discipline.

• La reprise des tandems, présentée pour la première fois en 1955, est une difficile formation à seize chevaux et huit cavaliers. Huit tandems composés chacun d'un cheval de tête (flèche) et d'un cheval monté (porteur) évoluent en musique aux trois allures. L'exercice comprend plusieurs difficultés, notamment la tenue de cinq rênes dans la main gauche ou l'emploi exclusif de l'assiette dans la conduite du porteur. Le cheval de flèche — en général un pur-sang affecté à la section course — subit auparavant un long dressage dit « aux longues rênes ».

• Le carrousel des lances, la plus prestigieuse des formations, où fausses notes et faux pas sont proscrits, voit l'évolution de trente-trois cavaliers réalisant les figures réglementaires de l'ancienne équitation militaire.

La beauté apollinienne de ces formations équestres, où se marient traditions militaires et discipline individuelle, contribue pour une grande partie au charme du régiment de cavalerie de la Garde républicaine.

Mais on peut aussi lui préférer, au hasard d'une rencontre dans les rues de la capitale, le claquement sec des sabots sur le pavé, le bruissement des sabres entrechoqués, le chatoiement des uniformes de ces modernes mousquetaires du Roy, qui ravivent en nous l'image désuète et envoûtante du Paris d'Alexandre Dumas.

◄ **Le harnachement** des chevaux de la garde républicaine.

▼ **Les damiers** exécutés sur la croupe du cheval comptent parmi les nombreux vestiges de l'équitation traditionnelle dont la garde est l'un des dépositaires jaloux.

AFGHANISTAN : LES JEUX

DES MONTAGNARDS

Il est un sport équestre passionnant, appelé buzkashi, qui se pratique dans les villages de montagne d'Asie centrale. Créé il y a plusieurs siècles par les populations nomades de Mongolie, il est aujourd'hui associé aux cavaliers de tribus afghanes.

COMMENT Y JOUE-T'ON ?

Le terme *buzkashi* signifie littéralement « traîner la chèvre » bien que l'enjeu soit en fait une peau de vachette rembourrée, servant de balle.

Deux équipes de cavaliers doivent chercher à s'emparer de cette peau, l'objectif étant de la soulever, de la jeter en travers de la selle et de l'emporter au galop pour marquer un but. L'équipe adverse doit essayer de reprendre possession de la peau, aussi les buts sont-ils difficiles à marquer et des prix en argent comptant sont-ils attribués pour chacun d'entre eux.

Au départ, la peau de vachette est placée au centre d'un cercle, autour duquel les cavaliers sont rassemblés. Les joueurs attendent le coup de feu annonçant le début de la partie.

Un cavalier marque un but lorsqu'il emporte la peau de vachette jusqu'à un point déterminé à l'avance, qui peut être situé jusqu'à 5 km de distance. Quand il a atteint ce point, il fait demi-tour, revient au galop, pour laisser la peau au centre du cercle où le jeu a débuté. Lorsqu'un cavalier pense avoir marqué un but, il brandit sa cravache, et c'est alors à l'arbitre de décider s'il a, ou non, mérité la récompense.

TRADITION ET CHANGEMENT

Le buzkashi était pratiqué à l'occasion des fêtes traditionnelles. Mais aujourd'hui, toute personne assez fortunée pour offrir un prix

◄ **Les cavaliers** représentés ici ont pour emblème un cheval volant. Les chevaux utilisés pour le buzkashi sont si appréciés qu'ils sont réputés avoir des ailes à la naissance : un poulain ne doit pas toucher le sol quand il vient au monde pour que ses ailes ne puissent être abîmées.

▼ **Les spectateurs** se disposent en groupe autour du drapeau de leur équipe. Tous les jeunes gens rêvent de devenir des cavaliers buzkashi et de représenter leur village.

peut inviter les cavaliers locaux à prendre part au jeu.

Du fait des troubles qui ont ensanglanté l'Afghanistan, beaucoup de cavaliers ont émigré au Pakistan. Mais la tradition s'est perpétuée et le buzkashi est désormais pratiqué aussi dans ce pays.

UN ENTRAÎNEMENT SPÉCIAL ET UNE SÉLECTION RIGOUREUSE

Le buzkashi est en quelque sorte une version plus dure du polo, mais le fait qu'il n'existe pas de règles fixes le rend d'autant plus sauvage et plus époustouflant. L'entraînement nécessaire au cheval pour pouvoir participer à l'épreuve peut durer cinq ans. Même excités, les chevaux doivent apprendre à ne pas piétiner un cavalier tombé à terre et à s'écarter des lieux de collision.

Une grande attention est apportée à l'élevage et aux soins quotidiens des chevaux. Pour participer au buzkashi, les montures doivent être agiles, résistantes et rapides.

Mais il n'est pas que les chevaux qui doivent être les meilleurs. Seuls les plus braves et les plus habiles des cavaliers sont sélectionnés, et, sans limitation dans le temps ou l'espace, la lutte brutale pour la suprématie se traduit par une démonstration violente d'une équitation rapide et athlétique.

▼ **Aussi nombreux qu'ils soient,** des milliers de cavaliers sont connus pour avoir pris part, ne serait-ce qu'une fois, au jeu de buzkashi.

▲ **Les Afghans** ont une relation particulière avec leurs chevaux, dont la couverture (en médaillon) témoigne de leur richesse.

▲ **L'emblème de l'équipe** figurant sur la chemise de ce cavalier montre qu'il vient de la province de Jozjan, dans le nord du pays. Son chapeau est fait de cuir et de laine.

▲ **La chaîne de montagnes** d'Afghanistan constitue pour le buzkashi une toile de fond à couper le souffle. Les équipes rivales forment des groupes séparés tandis qu'elles se rassemblent pour la compétition.

LES CHEVAUX DE LA KING'S

▼ **Les six attelages de canons** de la King's Troop se mettent en ligne, prêts à être passés en revue par l'officier commandant. Chaque attelage compte six chevaux. Les deux chevaux de tête donnent l'allure, les deux chevaux du milieu sont habituellement des débutants, et les deux chevaux de queue fournissent la puissance de freinage. Il y a trois cavaliers par attelage. Un détachement de trois chevaux et leurs cavaliers se tient derrière chaque pièce. On appelle Number One le cheval qui précède le détachement et le dirige.

Au Royaume-Uni, la King's Troop est le dernier exemple d'artillerie hippomobile. Bien que cette troupe n'accomplisse plus que des services d'apparat, ses soldats maintiennent leurs chevaux au plus haut niveau d'entraînement.

LES ACTIVITÉS DE LA KING'S TROOP

La King's Troop est l'artillerie de parade de la cavalerie de la reine Élisabeth. Parmi ses tâches principales, on compte le tir de salves lors des événements royaux. Elle est aussi chargée de fournir un affût et un attelage de chevaux noirs pour les funérailles nationales et militaires.

La King's Troop doit son nom et son existence à Georges VI, le père d'Élisabeth II. En 1939, quand de nombreux régiments hippomobiles furent mécanisés, le souverain émit le vœu que l'un d'entre eux perpétue la tradition.

LES CHEVAUX

La King's Troop dispose d'environ cent vingt chevaux, tous logés dans la caserne de St. John's Wood, à Londres. Ce sont des chevaux de trait légers, importés d'Irlande à l'âge de quatre ans.

La couleur de leur robe va du bai clair au bai, elle peut aussi être brun foncé et noire, mais la tradition veut qu'elle ne soit pas grise, pie noir ou pie bai.

Les chevaux adultes mesurent habituellement de 1,50 à 1,60 m, bien que certains atteignent au moins 1,80 m de haut.

LA FORMATION

Quand les chevaux arrivent au Royaume-Uni, ils sont conduits à l'École militaire d'équitation de Melton Mowbray, dans le Wiltshire, où les soldats de la King's Troop les débourrent. Le dressage dure dix semaines.

LE MONDE DU CHEVAL

TROOP

◀ **Les deux chevaux de queue,** les wheelers, sont plus racés et plus petits que la moyenne. Leur harnachement compliqué, qui comporte des sangles entrecroisées et ajustées sur l'arrière-main des chevaux, les aide à arrêter le canon aussi bien qu'à le tirer.

▼ **Après avoir été nettoyée,** une selle standard militaire brille comme un sou neuf. La King's Troop a sa propre sellerie, où le maître sellier fabrique et répare les harnachements.

Ensuite, les chevaux sont envoyés à la caserne de St. John's Wood, à Londres, où ils sont dressés à l'attelage et initiés au travail de parade.

Les chevaux doivent être à la fois assez robustes pour tirer les lourds canons au petit galop et suffisamment lestes pour marcher du même pas que la cavalerie.

LA VIE À LA CASERNE

La King's Troop, forte de cent soixante-dix soldats et sept officiers, n'admet que des hommes dans ses rangs. Leur style de vie est fait de discipline et implique de longues heures de travail. Les soldats passent la plupart de leur temps en dressage, exercices et soins aux chevaux, mais ils apprennent aussi les techniques militaires modernes.

Les chevaux sont bien soignés et ont une vie très active. Chaque homme a un cheval en charge, et une relation privilégiée se développe vite entre l'homme et l'animal.

Afin de garder les chevaux dans leur meilleure forme, la vie à la caserne tourne autour d'un programme de travail quotidien. Chaque mardi et chaque jeudi, les chevaux sont montés à Wormwood Scrubs Common. Le reste de la semaine (dimanche excepté), ils sont entraînés, de 6 h 30 à 8 heures du matin, dans des rues du centre de Londres.

La King's Troop monte « un pour trois », ce qui signifie que chaque soldat fait travailler trois chevaux : pendant qu'il en monte un, il en mène un autre par la bride, le troisième étant en réserve.

Plus tard dans la journée, les chevaux apprennent les arts équestres plus évolués, qui comprennent le dressage et le saut d'obstacles. Ces exercices se font soit à l'intérieur, soit à l'extérieur de l'école d'équitation. Le manège couvert est équipé de miroirs permettant de voir plus facilement les mouvements du cheval et de les corriger.

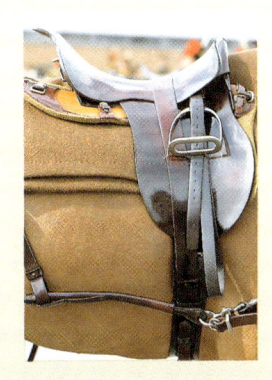

NOMS
Les montures des officiers portent des noms tels que Dr. Sebastian, noms empruntés à des personnages de roman du XIXe siècle. Les chevaux — qui tirent les canons — ont un nom qui commence par la même lettre que le nom de famille du commandant. Le nom du cheval Oakleigh, par exemple, commence par la lettre O parce que, à sa naissance, l'unité était commandée par le major O'Grady. Le nom de chaque cheval est inscrit sur une plaque dans sa stalle.

▶ **Réglés** comme des métronomes, entre 11 heures et midi, les soldats pansent, nourrissent et examinent les chevaux pour voir s'ils sont en bonne santé et s'ils ne sont pas blessés. L'été, quand il fait beau, le pansage se fait à l'extérieur.

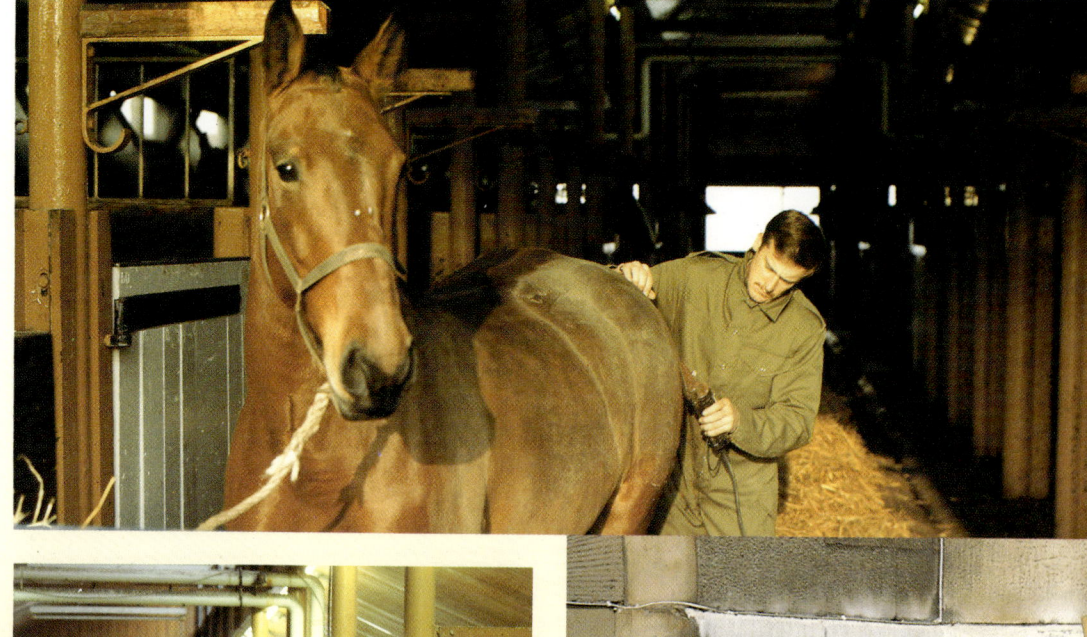

▶ **Dans l'écurie,** chaque cheval a sa propre stalle. Les soldats, eux, dorment à quatre par chambrée.

La forge de la caserne

Tout en recevant un apprentissage pour bien monter, certains soldats apprennent le métier de forgeron.
La caserne a sa propre forge, entièrement équipée et, si un cheval perd un fer, de dernier peut être remplacé immédiatement.
Il y a quatre forgerons expérimentés et trois apprentis à la forge. Tous les quinze jours, en plus du ferrage des chevaux, ils forgent des fers spéciaux pour remédier à n'importe quel problème de pied.

Pendant l'exercice, les chevaux portent un simple mors de filet, mais, pour les parades, ils sont harnachés avec un mors de bride. Il s'agit d'un mors que les militaires utilisent souvent et qui permet un meilleur contrôle de la monture.

Le harnachement est nettoyé minutieusement après chaque utilisation. Entre 11 heures et midi, les soldats pansent, nourrissent et examinent soigneusement les chevaux.

Chaque animal a un régime spécial qui correspond à ses besoins. Les ingrédients comprennent de bouchons de luzerne, du son et de l'avoine, auxquels on ajoute du chaff (paille hachée) et de la betterave à sucre, pour aider la digestion. Le samedi après-midi, les chevaux sont nourris avec un mash, car ils ne font pas d'entraînement le dimanche.

L'ÂGE DE LA RÉFORME

Bien qu'ils soient superbement entretenus, les chevaux de la King's Troop mènent une vie toute d'effort.

À l'âge de seize ans environ, ils commencent à montrer des signes de vieillesse. Ils prennent alors leur retraite. Certains sont achetés par des anciens officiers de l'armée pour les clubs d'équitation associés avec les régiments, où ils sont utilisés pour l'apprentissage des enfants.

▼ **Après des heures de préparation attentive,** le défilé de la King's Troop dans ses plus beaux atours constitue un spectacle magnifique.

HISTOIRE DU POLO

LE MONDE DU CHEVAL

LES FERS
On met des fers spéciaux aux postérieurs pour éviter les glissades.

LA DRAGONNE
Il est essentiel d'utiliser une dragonne pour que le maillet ne puisse échapper de la main.

FRAPPE DE LA BALLE
On fixe la tête du maillet au manche, à angle droit. Cela permet au cavalier de frapper plus aisément la balle.

Le polo est l'un des jeux les plus anciens du monde. On en trouve déjà trace dans l'ancienne Perse, au VIe siècle avant notre ère. A l'origine, il se pratiquait dans le but de conserver hommes et chevaux en forme pour le combat.

DÉVELOPPEMENT

Originaire du Tibet, le polo fut introduit en Inde vers 1600 avant notre ère. Le mot polo dérive sans doute du tibétain *pu lu* ou *po lo*, termes désignant l'arbre dans le bois duquel on taillait la balle. Au XIXe siècle, sous le règne de la reine Victoria, les colons anglais de l'Inde firent découvrir ce jeu à l'Europe. Le premier match eut lieu entre le 10e régiment de Hussards de la Reine et la 9e de Lanciers, à Hounslow Heath, près de Londres, en 1871. En France, le premier match ne fut joué qu'en 1895, à Bagatelle

Le jeu fut introduit par les Anglais en Argentine, qui devint rapidement le plus important pays exportateur de chevaux de polo. Les joueurs argentins sont très réputés.

LE JEU

Il se pratique sur un terrain de 275 m de long sur 180 m de large (ou 145 m si les grands côtés sont bordés de planches de 25 cm de haut). Deux équipes de quatre joueurs marquent des buts entre les poteaux de but adverses (7,50 m de large). Un match est découpé en chukkas, mot dérivé de l'hindi *çakkar* signifiant round. Chaque chukka dure sept minutes et demie. Le nombre de chukkas varie de quatre à six au cours d'un même match, parfois davantage (huit chukkas constituant un maximum qui tend à disparaître actuellement). Deux arbitres de touche et un arbitre sont aussi à cheval. Au commencement du match, les joueurs sont face à face, en ligne au centre du terrain. L'un des arbitres de touche lance la balle; lorsqu'un but est marqué, les équipes changent de côté.

LES CHEVAUX

Les joueurs de polo préfèrent monter des pur-sang en raison de leur générosité et de leur vitesse, mais un cheval calme peut être aussi apprécié. Le courage compte beaucoup, et un cheval de polo doit savoir galoper à fond, pirouetter, avoir des démarrages fulgurants. Mais les dresseurs de chevaux de polo de compétition se font rares. Le polo, comme l'obstacle ou le dressage, est réservé aux cavaliers expérimentés et s'entraînant régulièrement. Dans ce jeu, le cheval compte pour plus de soixante pour cent, le reste étant lié à la

◄ **Le polo est un jeu violent** dans lequel joueurs et chevaux ont besoin de se protéger. En dehors du casque spécial, notez que l'un des cavaliers a pris la précaution de porter une visière métallique.

▼ **Les couleurs** des équipes sont libres. On porte souvent celles de son club. Ici, le raffinement est poussé jusqu'aux guêtres du cheval qui sont, elles aussi, assorties aux couleurs du cavalier.

technique de frappe de la balle par le cavalier. L'entraînement du cavalier consiste en un travail aux trois allures recherchant plus la précision de la frappe que la longueur des coups.

L'entraînement initial est un peu différent de celui des autres types d'équitation et dure deux ans. Les mouvements de base exigés du cheval sont le changement de pied à la plus légère demande, le départ au galop ou l'arrêt instantané, la pirouette sur les hanches.

LE JOUEUR

Les joueurs tiennent les rênes de la main gauche et changent de direction avec une rêne d'appui. L'assiette joue aussi son rôle dans ces changements de direction très rapide. Les joueurs portent des casques spéciaux et des genouillères. Pour les matches officiels, ils portent des bottes sombres et une culotte blanche.

Le maillet est fixé en T à une canne de bambou ou de sycomore de 1,20 à 1,35 m de long. Autrefois en bois de saule ou en bambou, la balle est aujourd'hui en plastique. Blanche, elle a environ 8,5 cm de diamètre.

▲ **La gent masculine** a toujours dominé ce sport. De nos jours, cependant, on voit de plus en plus de femmes le pratiquer. Ici, la rencontre de deux équipes féminines.

▶ **Quand il ne s'apprête pas à frapper la balle,** le joueur tient le maillet en l'air, loin des jambes du cheval.
Le polo est un jeu d'équipe, et il est mal vu de mener un jeu personnel. Le bon joueur est celui qui passe la balle à un camarade en meilleure position.

L'HABILLEMENT DU CHEVAL

On protège le canon avec des guêtres, plus souvent des bandes de travail; une bande est également placée sur la queue pour éviter qu'elle ne s'accroche. Une bricole empêche la selle de glisser en arrière. Une martingale est indispensable, le cheval pouvant, dans l'excitation du jeu, relever brutalement la tête et blesser le cavalier. Il n'y a pas de règle stricte en matière d'embouchure : on utilise souvent un pelham ou un gag (filet releveur).

Les règles du polo sont complexes. Elles ont été rédigées pour éviter tout coup dangereux, tant au cavalier qu'à sa monture. Il est cependant permis d'accrocher le maillet du joueur adverse, à condition d'être du même côté de son cheval que la balle elle-même ou directement derrière lui. Un jeu dangereux, un cheval mal dressé peuvent entraîner l'exclusion du joueur du terrain de polo.

▶ **Le bon joueur de polo** sait qu'un des points essentiels est d'empêcher ses adversaires de marquer un but... sans recourir à des procédés déloyaux.

Index

I – Les origines	**6**
L'évolution du cheval	8
Les équidés	10
Pair ou impair	14
Histoire d'une vie	16
Sang chaud sang froid	18
Le mécanisme génétique	20
La vie en troupeau	22
Élevage : l'étalon	24
1) Races éteintes ou menacées	26
2) Races éteintes ou menacées	28
3) Races éteintes ou menacées	32
Les robes	36
Marques de la tête et des jambes	38
II – Les Amériques et l'Australie	**40**
Le Falabella	42
Le poney des Amériques	43
Le Brumby	44
Le Criollo	45
Le Mustang	46
Le Morgan	47
Le Missouri Fox-Trotter	48
Le Paso péruvien	49
Le Paso Fino	50
Le Tennesse	51
Le Saddlebred	52
Le Palomino	53
L'Appaloosa	54
Le Pinto	55
Le Canadian Cutting Horse	56
Le Waler	57
Le Quarter-Horse	58
Le Standard américain	59
III – Les îles britanniques	**60**
Le Shetland	62
Le Welsh de type A	63
Le Welsh de type B	64
L'Exmoor	65
Le Dartmoor	66
Le New-Forest	67
Le Connemara	68
Le Dales	69
Le Fell	70
Le Highland	71
Le Poney de selle anglais	72
Le Hackney	73
Le « Spotted Pony »	74
Le Welsh de type D	75
L'Anglo-Arabe	76
Le Pur-Sang	77
Le Trait irlandais	78
Le Hunter	79
Le Cleveland Bay	80
Le Clydesdale	81
Le Suffolk	82
Le Shire	83
IV – La France et les Pays-Bas	**84**
Le Camargue	86
Le Frison	87
Le Trotteur français	88
Le Selle français	89
Le Demi-Sang néerlandais	90
Le Gelderland	91
Le Groningue	92
Le Comtois	93
Le Freiberger	94
Le Breton	95
Le Trait hollandais	96
L'Ariégeois	97
Le Brabant	98
L'Ardennais	99
Le Boulonnais	100
Le Percheron	101

V – L'Allemagne, L'Autriche et la Suisse   **102**
Le Poney de Dulmen 104
Le Haflinger 105
Le Westphalien 106
Le Trakehner 107
Le Hanovrien 108
Le Holstein 109
Le Bavarois 110
Le Suisse 111
L'Oldenbourg 112
Le Lippizan 113
Le Noriker 114
Le cheval de trait de Rhénanie 115
Le Schleswig 116
Le trait d'Allemagne du Sud 117

VI – La Scandinavie   **118**
Le Götland 120
L'Islandais 121
Le Fjord 122
Le Dole 123
Le Knabstrup 124
Le Suédois 125
Le Jutland 126
Le Suédois du Nord 127

VII – La Méditerranée   **128**
Le Sorraia 130
L'Alter-Real 131
L'Andalou 132
Le Lusitanien 133
L'Arabe 134
Le Barbe 136
Le Selle italien 137

VIII – L'Asie et l'Europe de l'Est   **138**
Le cheval de Przewalski 140
Le Caspien 141
Le Tarpen 142
Le Viatka 143
Le Nonius 144
Le Torik 145
L'Akhal-Téké 146
Le Budienny 147
Le Don 148
Le Demi-Sang hongrois 149
Le Kabardin 150
Le Karabaïr 151
Le Trotteur Orloff 152
Le Shagya 153
Le Tersk 154
Le Wiekopolsk 155
Le Kladruber 156
Le Vladimir 157

IX – A chacun selon son talent   **158**
Au travail dans les plaines 160
Les cavaliers de Mongolie 164
Le Grand National 168
Allures russes 174
Le tourbillon siennois 178
Un rêve américain 182
Courses de trot à Saint Moritz 186
Le concours d'Aix-la-Chapelle 190
Cavaliers Arabes 194
Calgary : le rodéo 198
L'École espagnole de Vienne 202
Les cavaliers masqués de Sardaigne 206
Le Royal Canadian Mounted Police 210
L'Irlande, pays du cheval 214
La légende du Gaucho 218
La Garde républicaine 222
Afghanistan, les jeux
   des montagnards 226
Les chevaux de la King's Troup 230
Histoire du Polo 234

Crédits :
Photographies : 1 Bob Langrish, 2-3 Getty/Stone, 4-5 EM/Shona Wood, 6-7 Getty/Stone, 9(g) Survival Anglia, 9(d) FLPA, 10 Aquila, 11(hd) Bruce Coleman, 12-13 Zefa, 16(h) Kit Houghton, (b) EM/Shona Wood, 17 EM/Shona Wood, 18(h) NHPA, 18(b) Getty/Stone, 19(g) AP, 19(d) AGE Fotostock, 22-23 OSF/Survival Anglia, 24(h) Zefa, 24(b) Kit Houghton, 25(h) NHPA, 25(b) Aquila, 26(h) EM/Shona Wood, 26(b) AP, 27(hd) Kit Houghton, 27(bg) Nordling Horse Breeding Association, 27(bd) Bob Langrish, 28 Kit Houghton, 29 AP, 30 Bob Langrish, 31 EM/Shona Wood, 32(h) Elisabeth Weiland, 32(c) AP, 32(b) Bruce Coleman, 33-35 AP, 40-41 Bob Langrish, 42 Bruce Coleman, 43 Kit Houghton, 44 NHPA, 45-46 Bob Langrish, 47-48 Kit Houghton, 49 Elisabeth Weiland, 50 Kit Houghton, 51-52 AP, 53 NHPA, 54 Spectrum, 55 Aquila, 56 AP, 57 EM/Shona Wood, 58 AP, 59-61 Bob Langrish, 62 Bruce Coleman, 63-64 AP, 65 Aquila, 66 Kit Houghton, 67 AP, 68 Kit Houghton, 69 AP, 70 Aquila, 71-73 AP, 74 EM/Shona Wood, 75-78 AP, 79 Kit Houghton, 80 AP, 81 Nature Photographers, 82(p) Kit Houghton, 82(v) Bob Langrish, 83(p) Aquila, (v) Bob Langrish, 84-85 AP, 86 Okapia, 87 AP, 88 Aquila, 89 Elisabeth Weiland, 90(c) Elisabeth Weiland, 90(b) AP, 91-92 AP, 93 NHPA, 94-96 AP, 97 Explorer, 98 AP, 100-100 Kit Houghton, 101(p) Elisabeth Weiland, 101(v) Explorer, 102-103 AP, 105 Bruce Coleman, 106(p) Elisabeth Weiland, 106(v) Bob Langrish, 107 Bruce Coleman, 108-109 AP, 110 Kit Houghton, 111 Elisabeth Weiland, 112 AP, 113 Bob Langrish, 114 Mike Roberts, 115-119 AP, 120 Elisabeth Weiland, 121 Bruce Coleman, 122 Jacana, 123-124 AP, 125 EM/Shona Wood, 126-127 AP, 128-129 EM/Shona Wood, 130(p) AP, 130(v) Kit Houghton, 131-132 AP, 133 Kit Houghton, 134-135 Getty/Stone, 136 Kit Houghton, 137 AP, 138-139 EM/Shona Wood, 140 Aquila, 141 AP, 142 Bruce Coleman, 143-146 AP, 147 Kit Houghton, 148-157 AP, 158-159 Steven Somerville/Eaglemoss, 160 NHPA, 161-162 J. Allan Cash, 162-163 NHPA, 164(h) Bob Langrish, 164(b) EM/Shona Wood, 165-166 Hutchison Library, 166 Robert Harding Picture Library, 167 Hutchison Library, 168-160 Getty/Stone, 170(h) Mary Evans Picture Library, 170(c) Mike Roberts, 170-171 Mike Roberts, 171(h) AP, 171(c) AllSport, 171(b) Kit Houghton, 172-173 Sporting Pictures, 174(h) AP, 174-175 Fotokhronika, 175 Mary Evans Picture Library, 176-177 AP, 178 Robert Harding Picture Library, 179(h) J.Allan Cash, 179(b) Hutchison Library, 180(hg,hc) Grazia Neri, 180(hd) J. Allan Cash, 180(bg) Robert Harding Picture Library, 180-181 Azienda Autonoma Turismo, Siena, 181(h) J.Allan Cash, 182-185 Kit Houghton, 186(h) Bob Langrish, 186(b) Mike Roberts, 186-187 Mike Roberts, 187(b) Bob Langrish, 188-189 Getty/Stone, 190 Elisabeth Weiland, 191(h) Kit Houghton, 191(b) Elisabeth Weiland, 192(hg) Elisabeth Weiland, 192(c) Bob Langrish, 192(b) Elisabeth Weiland, 193(h) Bob Langrish, 193(c,b) Elisabeth Weiland, 194 Kit Houghton, 195(h) Explorer, 195(b) Frank Spooner Pictures, 196-197 Explorer, 198-199 Getty/Stone, 198(v) Bob Langrish, 200 Bob Langrish, 201(h) Alastair Scott, 201(b) Explorer, 202 Peter Roberts, 203-205 Frank Spooner Library, 205(b) Peter Roberts, 206 Zefa, 207(hg,b) Nick Rains, 207(c) Zefa, 208-209 Nick Rains, 210-213 Steven Somerville/Eaglemoss, 214 NHPA/David Woodfall, 215(h) The Slide File, 215(b) Bob Langrish, 216-217 The Slide File, 218(h) Robert Harding Picture Library, 218(b) Explorer/F.Gohier, 219 Robert Harding Picture Library, 220-221 Hutchison Library, 220-221(b) Tony Morrison, 221(h) Hutchison Library, 226-227 Zefa/Dr M Beisert, 227 Dr M Beisert, 228(hg) Zefa/Elisabeth Weiland, 228(d) Explorer/Desjardins, 228-229 Dr M Beisert, 230-233 Kit Houghton, 234-237 Colorsport.

Photographies de la couverture : (p) AP/Sally-Ann Thompson, (v) Kit Houghton, Getty Images/Tony Stone, Bruce Coleman Ltd/Eric Crichton, Aquila/Robert Maier, AP/Sally-Ann Thompson, AP/Sally-Ann Thompson, AP.

Illustrations : 14-15 Denys Ovenden ; 20-21, 36-37, 38-39 John Thompson/Garden Studios.

Légendes : AP = Animal Photography ; EM = Eaglemoss Publications Ltd ; NHPA = Natural History Photographic Agency. H = haut ; b = bas ; g = gauche ; d = droite ; c = centre ; p = principale ; v = vignette.